Julius Fučík

Reportage unter dem Strang geschrieben

Julius Fučík

Reportage unter dem Strang geschrieben

PAHL-RUGENSTEIN

Pahl-Rugenstein Verlag Nachfolger GmbH
Breite Str. 47, 53111 Bonn
Tel. 0228/63 23 06 Fax 0228/63 49 68
Email: prv@che-chandler.com

Copyright für diese Ausgabe © 2000 Pahl-Rugenstein Verlag
Copyright © Verlag Torst, Prag

Alle Rechte vorbehalten.
1. vollständige deutsche Ausgabe.
ISBN 3-89144-272-6
Umschlagzeichnung Max Švabinský

Die »Bibliothek des Widerstandes« wird herausgegeben von der Vereinigung der Verfolgten des Naziregimes-Bund der Antifaschistinnen und Antifaschisten (VVN-BdA)

Druck: Interpress, Budapest

Die Deutsche Bibliothek – CIP-Einheitaufnahme

Ein Titeldatensatz für diese Publikation ist
bei der Deutschen Bibliothek erhältlich (http://www.ddb.de)

Inhalt

Editorische Notiz 7
Vorwort 8

Erstes Kapitel
Vierundzwanzig Stunden 15

Zweites Kapitel
Sterben 22

Drittes Kapitel
Zelle 267 30

Viertes Kapitel
Die »Vierhundert« 39

Fünftes Kapitel
Gestalten und Figuren I 55

Sechstes Kapitel
Standrecht 1942 78

Siebentes Kapitel
Gestalten und Figuren II 84

Achtes Kapitel
Ein Stückchen Geschichte 106

Dokumentenanhang

Aufruf August 1941 117
Offener Brief an Minister Dr. Goebbels 118
Wir alle stehen im Krieg gegen Hitler 126
Die Juden in der tschechischen Literatur 133

Nachwort

Wer war Julius Fučík? 137
Zur Rezeptionsgeschichte des Buches 145
Bildteil 151

Editorische Notiz

Dieser ersten vollständigen deutschen Ausgabe liegt die 1970 bei Odeon, Prag, erschienene Fassung zugrunde. Übersetzung aus dem Tschechischen von Felix Rausch. Die ergänzenden Passagen (kursiv gesetzt) wurden der von František Janáček besorgten ersten vollständigen, kritischen und kommentierten Ausgabe von 1995 im Verlag Torst, Prag, entnommen und von Vera Picková übersetzt.

Originaltitel: REPORTAŽ PSANÁ NA OPRÁTCE

Vorwort

»Karl IV., Jan Hus, Komenský oder der Historiker Palacký, Adalbert Stifter, Siegmund Freud oder Karl Kautsky oder die große und komplizierte Person Kafkas, die in Prag geborene Bertha von Suttner, die lange vor dem Ausbruch des ersten großen Weltbrandes tapfer für den Frieden aufgetreten war, der Schriftsteller Julius Fučík, der zum Symbol des Widerstandes gegen Terror und Gewalt wurde, stellen bloß einige Namen dar, die für unsere Landsleute genauso viel bedeuten wie für Euch.«

Diese Worte sprach der damalige deutsche Bundeskanzler und Friedens-Nobelpreisträger Willy Brandt im Dezember 1973 bei der feierlichen Unterzeichnung des tschechisch-deutschen Vertrages auf der Prager Burg.

Ja, Julius Fučík, dieser begnadete Journalist, Literatur- und Theaterkritiker, ist zu einem wahrhaftigen Symbol des Widerstandes gegen den faschistischen Terror geworden. Nicht nur in seiner tschechoslowakischen Heimat, sondern in der ganzen Welt. Seine »Reportage unter dem Strang geschrieben«, ein humanistisches Dokument ersten Ranges, ist in die Weltliteratur eingegangen. Übersetzt in 88 Sprachen sowie in Esperanto hat sie in allen Kontinenten in vielen Millionen Exemplaren Verbreitung gefunden.

Der am 23. Februar 1903 in Prag-Smichov als Sohn eines Drehers und einer Näherin geborene Julius Fučík war am 24. April 1942 als Angehöriger der kommunistischen Résistance von der Gestapo in Prag bei einem konspirativen Treffen verhaftet worden. Wenig später wurde seine Frau Gusta festgenommen. Fučík wurde wie viele tschechische Patrioten schwer gefoltert. 1943 wurde er von Prag nach Dresden und Bautzen gebracht und am 24. August in Berlin vor Hitlers Blutgericht gestellt. Am folgenden Tag wurde er zum Tode verurteilt. Am 8. September 1943 wurde Julius Fučík im berüchtigten Gefängnis Berlin-Plötzensee durch den Strang hingerichtet.

Die im Februar 1991 von tschechoslowakischen Journalisten ins Leben gerufene Julius-Fučík-Gesellschaft hat es sich zur Aufgabe gemacht, das Andenken an den von den Nazis ermordeten Kollegen zu wahren und ihn vor verleumderischen Angriffen zu schützen. Letzteres ist leider notwendig. Im Gefolge eines hasserfüllten antikommunistischen Furors nach dem November 1989 wurden von interessierten Kreisen eine ganze Reihe von Attacken lanciert, die an Schäbigkeit ihresgleichen suchen. Diese durchsichtigen Angriffe dienten dem einzigen Ziel, die Lauterkeit des patriotisch gesinnten Kommunisten und Märtyrers Julius Fučík in Frage zu stellen, sein hohes Ansehen in den Schmutz zu ziehen. Nicht nur wurde die Authentizität der aus dem Gefängnis geschmuggelten 167 Kassiber bestritten, Fučík wurde auch als Gestapo-Spitzel denunziert. Was für eine Niedertracht. Sie kommt einer zweiten Ermordung gleich.

Der Startschuß für die beschriebenen Unsäglichkeiten wurde auf der Prager Burg, dem Sitz des Staatspräsidenten, abgefeuert. Es war Václav Havel, der höhnend sagte: »Die Kommunisten mußten sich als einen Helden des antifaschistischen Widerstandes den Fučík aushecken.« Nach diesem präsidialen Ukas war kein Halten mehr. Eine wahre Lawine von Unrat ergoß sich über den in Plötzensee Erhängten. Eine willfährige Presse kolportierte selbst noch den letzten Unfug.

Indes: »Die Wahrheit siegt.« Dieses Motto des tschechoslowakischen Staatsgründers Tomáš G. Masaryk hat sich auch in diesem Falle als richtig erwiesen. Doch von nichts kommt nichts. Daß die orchestrierten Anschläge auf die Wahrheit abgewehrt werden konnten, ist einer Gruppe couragierter Geschichtswissenschaftler unter Leitung des Dozenten Dr. František Janáček vom Historischen Institut der Tschechoslowakischen Armee-Widerstands-Gedenkstätte geschuldet; sie veranlaßte u.a. eine kriminaltechnische Expertise über die Echtheit der Fučík-Kassiber. Das Ergebnis dieses Gutachtens räumt alle Zweifel an Fučíks Autorenschaft aus. Die Kassiber waren von den beiden Aufsehern des Gefängnisses Pankrác Adolf

Kolínský und Jaroslaw Hora nach draußen geschmuggelt und in Einweckgläsern in der Erde vergraben worden. Mit dieser Tat setzten die Männer ihr Leben aufs Spiel. Nach der Befreiung wurden die Kassiber an Gusta Fučíková ausgeliefert; sie ließ die Aufzeichnungen ihres ermordeten Mannes in schweres Glas eingießen. Nach dem Tod von Gusta Fučíková ging das Manuskript in die Obhut des neu eingerichteten Julius-Fučík-Museums über. Nach dem November 1989 wurde dieses Museum wie so viele andere Gedenkstätten von den neuen Machthabern liquidiert. Seine Sammlungen wurden dem Museum der Arbeiterbewegung angegliedert.

Die Historikergruppe um Dr. Janáček veröffentlichte die Ergebnisse ihrer Studien über die Fučík-Kassiber 1995 in Buchform. Damit lag zum ersten Mal eine vollständige, kritische und kommentierte Ausgabe des Originaltextes von Fučíks Reportage vor. Aus welchen Gründen dieses singuläre Dokument aus dem antifaschistischen Widerstand seit der Erstausgabe von 1945 nur in der zensierten Version erscheinen durfte, konnte leider nicht mehr zuverlässig ermittelt werden. Die Kürzungen umfaßten rund zwei Prozent des Originals.

Es erfüllt uns mit großer Genugtuung, den deutschen Lesern hiermit zum ersten Mal die vollständige Originalfassung von Julius Fučíks ergreifender Reportage in deutscher Übersetzung vorlegen zu können.

Julius-Fučík-Gesellschaft
Prag

Im Konzentrationslager Ravensbrück erfuhr ich von meinen weiblichen Mitgefangenen, daß mein Mann, Julius Fučík, Redakteur des »Rudé právo« und der »Tvorba« durch ein nazistisches Gericht in Berlin am 25. August 1943 zum Tode verurteilt worden war.

Fragen über sein weiteres Schicksal prallten nur als Echo von den hohen Lagermauern ab.

Nach der Niederlage Hitlerdeutschlands im Mai 1945 wurden aus dessen Kerkern und Konzentrationslagern die Häftlinge befreit, die von den Faschisten nicht mehr zu Tode gemartert oder ermordet werden konnten. Unter den Befreiten war auch ich.

In die befreite Heimat zurückgekehrt, forschte ich nach meinem Mann, so wie Tausende und aber Tausende andere ihre durch die deutschen Okkupanten irgendwohin in die zahllosen Folterkammern verschleppten Männer, Frauen, Kinder, Väter, Mütter suchten und immer noch suchen.

Ich erfuhr, daß Julius Fučík am vierzehnten Tag nach seiner Verurteilung, am 8. September 1943, in Berlin hingerichtet worden war.

Ich erfuhr auch, daß Julius Fučík im Pankrácer Gefängnis Aufzeichnungen gemacht hatte. Dies wurde durch den Aufseher A. Kolínský ermöglicht, der meinem Mann Papier und Bleistift in die Zelle brachte und die beschriebenen Blätter dann eins nach dem andern heimlich aus dem Gefängnis schmuggelte.

Es gelang mir, den Aufseher ausfindig zu machen. Allmählich hatte ich das schriftliche Material, das Julius Fučík aus seinem Pankrácer Gefängnis nach draußen bringen ließ, beisammen. Die beschriebenen numerierten Blätter, die an verschiedenen Orten und bei verschiedenen Leuten versteckt waren, ordnete ich und lege sie nun Dir, lieber Leser, vor. Es ist das letzte Werk Julius Fučíks.

Prag, im September 1945

Gusta Fučíková

Geschrieben im Gestapogefängnis Pankrác im Frühjahr 1943

In Habtachtstellung sitzen, mit steil aufgerichtetem Körper, die Hände an die Knie gedrückt und die Augen bis zum Erblinden auf die mit der Zeit gelb gewordene Wand des »Hausgefängnisses« im Petschek-Palais gerichtet – das ist wahrlich nicht die günstigste Lage zum Nachdenken. Aber wer kann die Gedanken zwingen, Habacht zu sitzen?

Irgendwann hat irgend jemand – wir werden niemals feststellen können, wann und wer – das »Hausgefängnis« im Petschek-Palais »Kino« genannt. Ein genialer Einfall. Ein großer Raum, sechs lange Bänke hintereinander, mit starr aufgerichteten Körpern von Untersuchungsgefangenen besetzt, und vor ihnen die kahle Wand wie eine Kinoleinwand. Alle Filmgesellschaften der Welt haben nicht so viele Filme gedreht, wie die Augen der Untersuchungsgefangenen, die auf neue Verhöre, auf Foltern und auf den Tod warten, auf diese Wand projiziert haben, Filme ganzer Lebensläufe und kleinster Lebensabschnitte, Filme von der Mutter, der Frau, den Kindern, vom zerstörten Heim, von der verlorenen Existenz, Filme von standhaften Genossen und auch von Verrat, von Flugblättern und jenem, dem ich sie übergeben hatte, vom Blut, das wieder fließen wird, von einem festen Händedruck, der für mich Verpflichtung bedeutete – Filme voll Entsetzen und Entschlossenheit, Haß und Liebe, Furcht und Hoffnung. Mit dem Rücken zum Leben gekehrt, stirbt hier jeder täglich vor seinen eigenen Augen. Aber nicht jeder wird wieder geboren.

Hundertmal habe ich hier meinen Film gesehen, tausendmal seine Einzelheiten; jetzt versuche ich einmal, ihn zu erzählen. Sollte sich die Schlinge zusammenziehen, bevor ich ihn beende, dann bleiben noch Millionen, die sein »happy end« schreiben werden.

Erstes Kapitel

Vierundzwanzig Stunden

In fünf Minuten wird es zehn Uhr schlagen. Es ist ein schöner lauer Frühlingsabend – der 24. April 1942.

Ich eile – soweit es mir die Rolle des älteren hinkenden Herrn erlaubt, die ich spiele – ich eile, um noch vor Haustorsperre zu den Jelíneks zu kommen. Dort erwartet mich mein »Adjutant« Mirek *Klecan*. Ich weiß, daß er mir diesmal nichts Wichtiges erzählen wird, und auch ich habe ihm nichts zu sagen, aber zur vereinbarten Zusammenkunft nicht zu kommen kann Unheil bedeuten – und vor allem möchte ich unsern beiden herzensguten Gastgebern keine überflüssigen Sorgen machen.

Sie empfangen mich mit einer Tasse Tee. *Klecan* erwartet mich schon und außer ihm das Ehepaar Fried. Wieder eine Unvorsichtigkeit. Genossen, ich sehe euch gern, aber nicht so beisammen. Das ist der beste Weg ins Zuchthaus und in den Tod. Entweder ihr werdet künftig die Regeln der Konspiration einhalten, oder ihr hört mit der Arbeit auf, denn auf diese Art gefährdet ihr euch selbst und andere. Begriffen?

»Begriffen.«

»Und was habt ihr mir gebracht?«

»Die Mainummer des ›Rudé právo‹.«

»Ausgezeichnet. Und du, Mirek?«

»Positives wie auch Negatives. Nichts Neues. Die Arbeit geht gut voran.«

»Schluß. Wir sehen uns erst nach dem 1. Mai wieder. Ich gebe euch Nachricht. Nun auf Wiedersehen!«

»Noch eine Tasse Tee, Herr Chef!«

»Nein, nein, Frau Jelínková, wir sind hier zu viele.«

»Wenigstens noch ein Täßchen, ich bitte Sie.«

Der frisch eingeschenkte Tee dampft.
Es läutet.
Jetzt in der Nacht? Wer kann das sein?
Der nächtliche Besuch ist ungeduldig. Schläge gegen die Tür.
»Aufmachen! Polizei!«
Schnell zu den Fenstern! Flieht! Ich habe eine Pistole und decke euern Rückzug.
Zu spät! Unter den Fenstern stehen Gestapoleute und halten die Pistolen auf das Zimmer gerichtet. Vom Gang dringen durch die eingeschlagene Tür die Geheimen in die Küche und weiter ins Zimmer. Einer, zwei, drei, neun Mann. Sie sehen mich nicht, denn ich stehe gerade hinter ihrem Rücken, hinter der Tür, die sie geöffnet haben. Ich könnte also ungehindert schießen. Aber neun Pistolen sind auf zwei Frauen und drei unbewaffnete Männer gerichtet. Wenn ich schieße, fallen jene eher als ich. Und wenn ich nur mich selbst erschießen wollte, würde eine Schießerei beginnen, und sie fielen ihr zum Opfer. Schieße ich nicht, werden sie vielleicht ein halbes Jahr, vielleicht ein Jahr sitzen, und eine Revolution wird sie lebend befreien. Nur *Klecan* und ich, wir können uns nicht herauswinden, sie werden uns foltern – aus mir werden sie nichts herausbekommen, und aus *Klecan*? Ein Mensch, der in Spanien gekämpft hat, der zwei Jahre im Konzentrationslager in Frankreich verbracht hat und mitten im Krieg illegal von Frankreich bis nach Prag gekommen ist – nein, der wird gewiß nichts verraten. Ich habe zwei Sekunden Bedenkzeit. Oder sind es vielleicht drei Sekunden?
Schieße ich, werde ich nichts retten, nur mir selbst erspare ich die Foltern, aber dafür opfere ich unnütz das Leben von vier Genossen. Ist es so? Ja!
Entschieden.
Ich trete aus dem Versteck.
»Ah, noch einer!«
Der erste Schlag ins Gesicht. Vielleicht sollte er mich knockout schlagen.

»Hände hoch!«

Der zweite. Der dritte.

So habe ich es mir immer vorgestellt.

Aus der musterhaft aufgeräumten Wohnung ist schon ein Haufen von durcheinandergeworfenen Möbeln und Scherben geworden.

Weitere Schläge mit den Händen und Fußtritte.

»Marsch!«

Sie laden mich ins Auto. Die Pistolen sind ständig auf mich gerichtet. Unterwegs beginnt das Verhör.

»Wer bist du?«

»Professor Horák.«

»Du lügst!«

Ich zucke die Achseln.

»Sitz still, oder ich schieße!«

»Schießen Sie!«

Anstatt eines Pistolenschusses nur ein Faustschlag. Wir begegnen einem Straßenbahnzug. Mir scheint, daß er weiß bekränzt ist. Ein Hochzeitszug, jetzt, in der Nacht? Wahrscheinlich beginne ich zu phantasieren.

Das Petschek-Palais. Ich hatte geglaubt, daß ich nie hineinkäme. Jetzt im Laufschritt in den vierten Stock.

Aha, die berüchtigte Abteilung II-A 1, die antikommunistische Abteilung. Mir scheint, daß ich sogar neugierig bin.

Der lange, hagere Kommissar, der den Überfalltrupp angeführt hat, steckt die Pistole in die Tasche und führt mich in seine Kanzlei. Er zündet mir eine Zigarette an.

»Wer bist du?«

»Professor Horák.«

»Du lügst!«

Seine Armbanduhr zeigt elf.

»Durchsucht ihn!«

Die Durchsuchung beginnt. Man zieht mich aus.

»Er hat einen Ausweis.«

»Auf welchen Namen?«
»Professor Horák.«
»Nachforschen!«
Das Telefon.
»Natürlich nicht gemeldet. Der Ausweis ist gefälscht.«
»Wer hat ihn dir ausgestellt?«
»Die Polizeidirektion.«
Der erste Schlag mit dem Knüppel. Der zweite. Der dritte. Soll ich sie zählen? Diese Statistik, Junge, wirst du nirgends und niemals verwerten können.
»Den Namen? Sprich! Die Adresse? Sprich! Mit wem hast du verkehrt? Sprich! Wohnungen? Sprich! Sprich! Sprich! Oder wir erschlagen dich!« Wie viele Schläge wohl ein gesunder Mensch aushält?
Aus dem Radio dröhnt das Mitternachts-Zeitzeichen. Die Kaffeehäuser schließen, die letzten Gäste gehen nach Hause, die Pärchen stehen vor den Haustüren und können sich nicht trennen. Der lange, hagere Kommissar tritt mit fröhlichem Lächeln in den Raum:
»Alles in Ordnung ... Herr Redakteur?«
Wer hat ihnen das gesagt? Die Jelíneks? Die Frieds? Die kennen nicht einmal meinen Namen.
»Siehst du, wir wissen alles. Sprich! Sei vernünftig.«
Merkwürdiges Vokabular! Vernünftig sein = verraten.
Ich bin nicht vernünftig.
»Fesselt ihn! Und gebt's ihm ordentlich!«
Ein Uhr. Die letzten Trambahnen fahren ins Depot, die Gassen sind leer geworden, das Radio wünscht seinen treuesten Hörern eine gute Nacht.
»Wer ist noch Mitglied des Zentralkomitees? Wo sind die Sendeanlagen? Wo sind die Druckereien? Sprich! Sprich! Sprich!«
Jetzt kann ich schon wieder ruhiger die Schläge zählen. Der einzige Schmerz, den ich fühle, kommt von den zerbissenen Lippen.
»Schuhe runter!«

Die Fußsohlen, freilich, sind noch nicht abgestumpft. Das fühle ich. Fünf, sechs, sieben, jetzt ist es schon so, als ob der Stock bis ins Gehirn durchdränge.

Zwei Uhr. Prag schläft, vielleicht weint irgendwo ein Kind im Schlaf, und ein Mann streichelt die Hüften seiner Frau.

»Sprich! Sprich!«

Ich fahre mit der Zunge im Mund umher und versuche, die ausgeschlagenen Zähne zu zählen. Ich kann sie nicht zählen. Zwölf, fünfzehn, siebzehn? Nein, so viele Kommissare sind jetzt da, die mich »verhören«. Einige sind schon sichtlich müde. Und der Tod kommt noch immer nicht.

Drei Uhr. Der frühe Morgen bricht herein, die Grünzeughändler nähern sich den Marktplätzen, die Straßenkehrer kommen auf die Straßen. Vielleicht erlebe ich sogar noch einen Morgen.

Sie bringen meine Frau.

»Kennen Sie ihn?«

Ich schlucke Blut, damit sie es nicht sieht ... das ist sicherlich umsonst, denn aus jeder Stelle meines Gesichts und aus den Fingerspitzen rinnt unaufhörlich Blut.

»Kennen Sie ihn?«

»Ich kenne ihn nicht.«

Sie sagte es, und nicht einmal mit einem Blick verriet sie ihren Schreck. Die Tapfere. Sie hielt die Vereinbarung, daß sie sich nie zu mir bekennen würde, obwohl es jetzt schon überflüssig war. Wer hat ihnen nur meinen Namen gesagt?

Sie wurde abgeführt. Ich verabschiedete mich von ihr mit der fröhlichsten Miene, zu der ich noch fähig war. Vielleicht war sie gar nicht fröhlich. Ich weiß es nicht.

Vier Uhr. Dämmert es? Dämmert es nicht? Die verdunkelten Fenster geben keine Antwort. Und der Tod kommt noch immer nicht. Soll ich dir entgegenkommen? Aber <u>wie</u>?

Ich habe jemandem einen Schlag versetzt und bin dann zu Boden gefallen. Sie stoßen nach mir. Sie treten auf mich. Ja, so, jetzt wird bald Schluß sein. Der schwarze Kommissar reißt mich am Vollbart hoch und lacht zufrieden, weil er mir ganze Büschel ausgerissener Haare zeigen kann. Es ist wirklich komisch. Und Schmerz fühle ich überhaupt nicht mehr.

Fünf Uhr, sechs, sieben, zehn, Mittag. Die Arbeiter kommen von der Arbeit und gehen zur Arbeit, die Kinder gehen in die Schule und kommen aus der Schule, in den Geschäften wird verkauft, zu Hause wird gekocht, vielleicht hat sich jetzt die Mutter an mich erinnert, vielleicht wissen die Genossen schon, daß ich verhaftet bin, und vielleicht treffen sie schon Sicherheitsvorkehrungen ... wie, wenn ich spräche ... nein, habt keine Angst, ich werde nicht sprechen, glaubt mir. Und das Ende kann ja auch nicht mehr weit sein. Das Ganze ist nur mehr ein Traum, ein böser Fiebertraum, die Schläge fallen, und dann fließt Wasser über mich und wieder Schläge und wieder »Sprich, sprich, sprich!«, und ich kann noch immer nicht sterben. Mutter, Vater, warum habt ihr mich so stark gemacht?

Nachmittag. Fünf Uhr. Alle sind schon müde. Die Schläge fallen jetzt nur noch selten, in langen Intervallen, das ist nur mehr Beharrlichkeit. Und auf einmal aus der Ferne, aus unermeßlicher Ferne, tönt eine friedliche, ruhige Stimme, sanft wie eine Liebkosung:

»Er hat schon genug!«

Und dann sitze ich, und der Tisch vor mir versinkt und taucht wieder auf, und irgend jemand gibt mir zu trinken, und irgend jemand bietet mir eine Zigarette an, die ich nicht halten kann, und irgend jemand versucht, mir die Schuhe anzuziehen, und sagt, daß es nicht mehr geht, und dann werde ich, halb geführt und halb getragen, die Treppen hinuntergeschafft, in ein Auto, wir fahren, irgend jemand richtet wieder eine Pistole auf mich, es kommt mir lächerlich vor, wir begegnen dem weiß bekränzten Straßenbahnzug, dem Hochzeitszug, aber vielleicht ist das alles nur Fieberwahn oder das Sterben oder der Tod selbst.

Denn das Sterben ist doch schwer, aber das ist nicht mehr schwer oder überhaupt irgendwie, das ist ganz leicht wie eine Flaumfeder, nur noch ausatmen, und alles ist vorbei.

Alles vorbei? Noch nicht, noch immer nicht. Jetzt stehe ich doch wieder, wirklich, ich stehe, allein, ohne fremde Hilfe, und dicht vor mir ist eine schmutziggelbe Mauer, bespritzt – womit? Anscheinend ist es Blut ... ja, es ist Blut, ich hebe einen Finger und versuche, es zu verschmieren ... es geht, es ist frisch, es ist mein Blut ...

Und irgend jemand schlägt mich von hinten auf den Kopf und befiehlt mir, die Hände zu heben und Kniebeugen zu machen; bei der dritten falle ich um ...

Ein langer SS-Mann steht über mir und stößt mich, daß ich aufstehe; wie überflüssig das ist; wieder wäscht mich jemand, wieder sitze ich, irgendeine Frau gibt mir eine Arznei und fragt, was mir weh tut, und da scheint mir, als ob all mein Schmerz im Herzen sei.

»Du hast kein Herz«, sagt der lange SS-Mann.

»O doch!« sage ich und bin auf einmal stolz, daß ich noch genug Kraft habe, mein Herz zu verteidigen.

Und dann verliert sich wieder alles, die Mauer und die Frau mit der Arznei und der lange SS-Mann ...

Und vor mir ist eine offene Zellentür. Ein dicker SS-Mann schleppt mich hinein, zieht mir die Fetzen des Hemdes aus, legt mich auf den Strohsack, betastet meinen verschwollenen Körper und ordnet an, Umschläge zu machen.

»Schau«, sagt er zu einem zweiten und schüttelt den Kopf, »schau, wozu sie imstande sind!«

Und wieder aus der Ferne, aus weiter Ferne, höre ich die friedliche, ruhige Stimme, zart wie eine Liebkosung:

»Bis früh hält er es nicht aus.«

In fünf Minuten wird es zehn schlagen. Es ist ein schöner, lauer Frühlingsabend – der 25. April 1942.

Zweites Kapitel

Sterben

»Wenn Sonnenstrahl und Sternenschein
  gehn zur Ruh, gehn zur Ruh ...«
Zwei Männer mit nach unten gefalteten Händen gehen mit schweren, langsamen Schritten hintereinander in einem weiß getünchten Grabgewölbe im Kreis und singen mit langgezogener Stimme nicht sehr harmonisch ein trauriges Kirchenlied.
»... dann steigt empor die Seele mein
  dem Himmel zu, dem Himmel zu ...«
Irgend jemand ist gestorben. Wer? Ich versuche, den Kopf zu drehen. Vielleicht erblicke ich einen Sarg mit einem Verstorbenen und die zwei aufgerichteten Zeigefinger der Leuchter an seinem Haupt.
»wo keine Nacht uns mehr bedroht,
  wo ewig Glanz und Morgenrot ...«
Es ist mir gelungen, den Blick zu heben. Niemand anderen sehe ich. Niemand ist hier – nur die beiden und ich. Wem singen sie da ein Grablied?
»... ein Stern in aller Zukunft loht,
  Heiland du, Heiland du.«
Es ist ein Begräbnis. Es ist ganz sicher ein Begräbnis. Aber wen begraben sie da? Wer ist da? Nur die beiden – und ich! Und ich! Ist das vielleicht mein Begräbnis? Aber, hört doch, Leute, das ist ein Mißverständnis! Ich bin doch nicht tot! Ich lebe doch. Ihr seht ja, daß ich euch ansehe und mit euch spreche. Hört auf! Begrabt mich nicht!
»Wenn Abschied fordert das Geschick
  zur ew'gen Ruh, zur ew'gen Ruh ...«
Sie hören nicht. Sind sie taub? Spreche ich nicht laut genug? Oder bin ich vielleicht wirklich tot, und sie können meine körper-

lose Stimme nicht hören? Mein Körper liegt bäuchlings da ... und schaue ich etwa meinem eigenen Begräbnis zu? Komisch.

»... dann wendet innig sich der Blick
dem Himmel zu, dem Himmel zu ...«

Ich erinnere mich. Jemand hat mich mühsam aufgehoben und angekleidet, und dann haben sie mich auf einer Totenbahre getragen, Schritte dröhnten metallen durch den Gang und dann ... und das ist alles. Mehr weiß ich nicht. An mehr kann ich mich nicht erinnern.

» ... wo ewig Glanz und Morgenrot ... «

Aber das ist alles Unsinn. Ich lebe. Ich fühle irgendeinen entfernten Schmerz und habe Durst. Tote haben doch keinen Durst. Ich lege alle meine Kräfte in den Versuch, die Hand zu bewegen, und irgendeine fremde, unnatürliche Stimme ertönt statt der meinen:

»Trinken!«

Endlich. Die zwei Männer haben aufgehört, im Kreise zu gehen. Jetzt beugen sie sich über mich, einer von ihnen hebt meinen Kopf und hält mir einen Krug Wasser an den Mund.

»Junge, du mußt auch wieder mal was essen. Schon zwei Tage lang trinkst und trinkst du nur ... «

Was sagt er mir da? Schon zwei Tage? Welcher Tag ist denn heute?

»Montag.«

Montag. Und am Freitag bin ich verhaftet worden. Wie schwer nur der Kopf ist! Und wie das Wasser kühlt. Schlafen! Laßt mich schlafen! Ein Tropfen hat die glatte Wasserfläche des Brunnens getrübt. Das ist die Quelle auf der Bergwiese, ich weiß, beim Hegerhaus unterm Roklan[1], und ein dünner Landregen rauscht in den Nadeln der Fichten ... Wie süß ist es, zu schlafen ...

Und als ich wieder aufwache, ist es Dienstagabend, und über mir steht ein Hund. Ein Wolfshund. Er sieht mich mit schönen, klugen Augen prüfend an und fragt:

»Wo hast du gewohnt?«

Aber nein, das ist nicht der Hund. Die Stimme gehört einem andern. Ja, noch jemand steht da, ich sehe hohe Stiefel, noch ein Paar hohe Stiefel und eine Militärhose, aber höher sehe ich nicht mehr, mir dreht sich der Kopf, wenn ich schauen will, ach, was liegt daran, laßt mich schlafen ...

Mittwoch.

Die zwei Männer, die die Psalmen gesungen haben, sitzen jetzt am Tisch und essen aus kleinen tönernen Schüsseln. Ich unterscheide sie schon. Der eine ist jünger, der andere älter, und es scheint, daß sie Mönchen gar nicht ähnlich sehen. Und auch das Grabgewölbe ist kein Grabgewölbe mehr, es ist eine Kerkerzelle so wie jede andere; die Bretter des Fußbodens laufen von meinen Augen weg zueinander. Und dort am Ende ist eine schwere, dunkle Tür ...

Im Schloß rasselt ein Schlüssel, die zwei Männer springen auf und stehen Habtacht, zwei andere in SS-Uniform treten ein und befehlen mir, mich anzuziehen – ich habe nicht gewußt, wieviel Schmerzen in jedem Hosenbein, in jedem Ärmel verborgen sind –, sie legen mich auf eine Bahre und tragen mich die Stiegen hinunter, Schritte dröhnen metallen durch den langen Gang ... das ist also der Weg, den sie mich schon einmal getragen haben, als sie mich bewußtlos hierherbrachten. Wohin führt er? In welcher Hölle endet er wieder?

Im dämmrigen, unfreundlichen Aufnahmebüro des Pankrácer Polizeigefängnisses.

Sie legen mich auf den Boden, und eine gespielt gutmütige tschechische Stimme übersetzt die wütend ausgestoßene Frage einer deutschen Stimme:

»Kennst du sie?«

Ich stütze mein Kinn mit der Hand. Vor der Bahre steht ein junges, breitwangiges Mädchen. Sie steht stolz, ganz aufgerichtet, den Kopf hoch, nicht trotzig, aber voll Würde, nur die Augen leicht gesenkt, gerade nur so weit, um mich zu sehen und mich mit ihnen zu grüßen.

»Ich kenne sie nicht.«

Ich erinnere mich, daß ich sie vielleicht einmal für einen Augenblick in der wilden Nacht im Petschek-Palais gesehen habe. Jetzt zum zweitenmal. Leider sah ich sie nicht mehr ein drittes Mal, um ihr die Hand drücken zu können für die Würde, mit der sie dastand. Es war die Frau von Arnošt Lorenz. Sie wurde in den ersten Tagen des Standrechts im Jahre 1942 hingerichtet.

»Aber die kennst du sicher.«

Jiráseks Anička! Um Gottes willen, Anička, wie sind Sie hierhergekommen? Ich habe Ihren Namen nicht ausgesprochen, Sie haben nichts mit mir zu tun gehabt, ich kenne Sie nicht, verstehen Sie, ich kenne Sie nicht.

»Ich kenne sie nicht.«

»Sei vernünftig, Mensch!«

»Ich kenne sie nicht.«

»Jula, es hat keinen Zweck«, sagt Anička, und nur eine winzige Bewegung der Finger, die das Taschentuch zusammenknüllen, verrät ihre Aufregung – »es hat keinen Zweck. Ich bin überführt worden.«

»Durch wen?«

»Schweigen Sie!« schneidet jemand ihre Antwort ab und stößt sie dann heftig weg, als sie sich zu mir beugt und mir die Hand reicht.

Anička!

Die weiteren Fragen höre ich nicht mehr. Und nur so ganz von weitem, ohne Schmerz, so, als ob ich nur zusähe, fühle ich, wie mich zwei SS-Leute in die Zelle zurücktragen, wie sie roh die Tragbahre hinwerfen und mich lachend fragen, ob ich nicht lieber am Hals schaukeln möchte.

Donnerstag.

Ich beginne schon, meine Umwelt zu erkennen. Der jüngere meiner Haftkameraden heißt Karel, zu dem zweiten, älteren, sagt er »Vater«. Sie erzählen mir einiges von sich, aber in meinem Kopf geht mir noch alles wirr durcheinander, ich erinnere mich nur an irgendeinen Schacht, an Kinder, die auf Bänken sitzen, ich höre eine Glocke, wahrscheinlich brennt es irgendwo, sie sagen, daß jeden Tag der Arzt und der SS-Feldscher zu mir kommen und es nicht so schlimm um mich stehe, daß ich bestimmt wieder ein kräftiger Bursche werde. Das sagt der »Vater«, und er sagt es so eindringlich, und Karlík stimmt ihm so eifrig zu, daß ich sogar in diesem Zustand fühle, wie sie mir eine fromme Lüge sagen wollen. Gute Kumpel! Es tut mir leid, daß ich ihnen das nicht glauben kann.

Nachmittag.

Die Zellentür wird geöffnet, und leise kommt der Hund hereingeschlichen. Er bleibt an meinem Kopf stehen und betrachtet mich wieder prüfend. Und wieder zwei Paar hohe Stiefel – jetzt weiß ich schon: Eines von ihnen gehört dem Besitzer des Hundes, dem Verwalter der Pankrácer Strafanstalt, das zweite dem Chef der antikommunistischen Abteilung der Gestapo, der mein nächtliches Verhör geleitet hat – und dann Zivilhosen. Mein Blick gleitet an ihnen von unten nach oben entlang – ja, kenne ich, das ist der lange, hagere Kommissar, der den Verhaftungstrupp angeführt hat. Er setzt sich auf einen Stuhl und beginnt das Verhör:

»Dein Spiel ist verloren, rette wenigstens dich selbst. Sprich!«

Er bietet mir eine Zigarette an. Ich will nicht. Ich könnte sie nicht vertragen.

»Wie lange hast du bei den Baxas gewohnt?«

Bei den Baxas! Auch das noch! Wer hat ihnen das gesagt?

»Na, siehst du, wir wissen alles. Sprich!«

Wenn ihr alles wißt, wozu soll ich da noch sprechen? Ich habe mein Leben nicht umsonst gelebt – ich werde mir doch nicht mein Ende verpatzen. Das Verhör dauert eine Stunde. Er schreit nicht, geduldig wiederholt er die Fragen, und da er keine Antwort erhält, stellt er eine zweite, eine dritte, eine zehnte.

»Begreifst du denn das nicht? Es ist Schluß, verstehst du, ihr habt alles verspielt.«

»Nur ich habe verspielt.«

»Du glaubst also noch an den Sieg der Kommune?«

»Allerdings.«

»Glaubt er noch«, fragt der Chef deutsch, und der lange Kommissar übersetzt, »glaubt er noch an den Sieg Rußlands?«

»Allerdings. Es kann nicht anders enden.«

Ich bin schon müde. Ich habe all meine Kräfte zusammengenommen, um auf der Hut zu sein, jetzt entrinnt schon das Bewußtsein schnell wie Blut aus einer tiefen Wunde. Ich fühle noch, wie sie mir die Hand reichen – vielleicht lesen sie das Zeichen des Todes auf meiner Stirn. Ja, in manchen Ländern war es sogar Sitte, daß der Henker den Verurteilten küßte, bevor er das Urteil vollstreckte.

Abend.

Zwei Männer mit gefalteten Händen gehen im Kreis hintereinander, und mit langgezogener Stimme, nicht sehr harmonisch, singen sie das traurige Lied:

»Wenn Sonnenstrahl und Sternenschein

gehn zur Ruh ... «

Ach, Leute, Leute, laßt das! Vielleicht ist das ein schönes Lied, aber heute, heute ist der Vorabend des Ersten Mai, des schönsten, des fröhlichsten Feiertages des Menschen. Ich versuche, etwas Lustiges zu singen, aber vielleicht klingt dies noch trauriger, denn Karlík wendet sich ab, und der Vater wischt sich die Augen. Sollen sie, ich gebe es nicht auf, ich singe weiter, und langsam stimmen sie mit ein. Zufrieden schlafe ich ein.

Früher Morgen des Ersten Mai.

Die Uhr auf dem Türmchen der Strafanstalt schlägt drei. Zum erstenmal höre ich sie jetzt klar. Zum erstenmal seit meiner Verhaftung bin ich jetzt bei vollem Bewußtsein. Ich fühle die frische Luft, die durch das offene Fenster herabströmt und am Boden entlang um meinen Strohsack streicht; ich fühle die Strohhalme, die mich auf einmal an der Brust und am Bauch drücken, jede Stelle des Körpers schmerzt mit tausend Schmerzen, und das Atmen fällt mir schwer. Plötzlich, als ob ein Fenster geöffnet worden wäre, sehe ich klar: Das ist das Ende. Ich sterbe.

Es hat lange gedauert, Tod, bevor du gekommen bist. Und doch habe ich gehofft, daß ich mit dir erst nach vielen Jahren bekannt werde, daß ich noch das Leben eines freien Menschen leben werde, daß ich noch viel arbeiten und viel lieben und viel singen und durch die Welt wandern werde. Ich bin doch erst jetzt reif geworden und hatte noch sehr viel Kraft. Ich habe sie nicht mehr. Sie geht zu Ende.

Ich habe das Leben geliebt, und für seine Schönheit bin ich in den Kampf gezogen. Ich habe euch geliebt, Menschen, und ich war glücklich, wenn ihr meine Liebe erwidert habt, und ich habe gelitten, wenn ihr mich nicht verstanden habt. Ihr, die ich beleidigt habe, verzeiht mir; die ich erfreut habe, vergeßt es! Nie soll mit meinem Namen Trauer verbunden sein. Das ist mein Testament für euch, Vater und Mutter und meine Schwestern, für dich, meine Gusti, für euch, Genossen, für alle, die ich liebgehabt habe. Wenn ihr glaubt, daß das Weinen den Staub der Trauer fortwäscht, dann weint eine Weile! Aber bedauert mich nicht! Ich habe für die Freude gelebt, und ich sterbe für die Freude, und so wäre es geradezu ein Frevel, wolltet ihr auf meinen Grabhügel einen Klageengel stellen.

Erster Mai! Um diese Zeit sind wir an der Peripherie der Städte schon aufgestanden und haben unsere Fahnen herausgeholt. Um diese Stunde sind in den Straßen von Moskau schon die ersten Truppen zur Maiparade angetreten, und jetzt kämpfen um diese Stunde Millionen Menschen die letzte Schlacht für die Freiheit des Menschen, und Tausende fallen in diesem Kampf. Ich bin einer von ihnen. Und einer von ihnen zu sein, einer der Kämpfer der letzten Schlacht, das ist schön.

Aber das Sterben ist nicht schön. Ich ersticke. Ich kann nicht atmen. Ich höre, wie es in der Kehle rasselt, ich werde noch meine Haftkameraden aufwecken. Wenn ich es vielleicht mit einem bißchen Wasser lindern könnte ... Aber alles Wasser aus dem Krug ist schon ausgetrunken. Dort, lächerliche sechs Schritt von mir entfernt, im Klosett in der Ecke der Zelle, dort ist genug Wasser. Werde ich jedoch noch Kraft genug haben, um hinzukommen?

Ich krieche auf dem Bauch, leise, ganz leise, als ob der ganze Ruhm des Todes darin läge, niemanden zu wecken, ich habe es erreicht und trinke gierig das Wasser vom Boden des Beckens.

Ich weiß nicht, wie lange es gedauert hat; ich weiß nicht, wie lange ich zurückgekrochen bin. Das Bewußtsein schwindet schon wieder. Ich suche den Puls an meinem Handgelenk. Ich fühle nichts. Das Herz ist hoch hinauf in die Kehle gestiegen und fällt jetzt heftig hinunter. Ich falle mit ihm. Ich falle lange. Unterwegs höre ich noch Karlíks Stimme:

»Vater, Vater, hörst du! Der arme Kerl, es geht zu Ende mit ihm.«

Am Vormittag kam ein Arzt.

Aber das alles erfuhr ich erst viel später.

Er kam, untersuchte mich und schüttelte den Kopf. Dann ging er zurück in die Krankenstube, zerriß den Totenschein, den er schon am Abend auf meinen Namen ausgestellt hatte, und sagte mit fachmännischer Anerkennung.

»Eine Pferdenatur!«

Drittes Kapitel

Zelle 267

Sieben Schritte von der Tür zum Fenster, sieben Schritte vom Fenster zur Tür. Das kenne ich.

Wie oft schon habe ich diese Entfernung auf dem Bretterboden der Pankrácer Zelle zurückgelegt! Vielleicht habe ich gerade in dieser Zelle irgendwann schon einmal gesessen, weil ich *allzu eindringlich das Selbstbestimmungsrecht der Sudetendeutschen verteidigt und* allzu klar die Folgen der verderblichen Politik des tschechischen Bürgertums für das tschechische Volk gesehen habe. Jetzt schlägt man mein Volk ans Kreuz, vor der Zelle gehen deutsche Aufseher auf und ab, und irgendwo draußen spinnen finstere politische Mächte von neuem den Faden des Verrats. Wieviel Jahrhunderte braucht der Mensch, bis er sehend wird? Durch wieviel tausend Zellen mußte die Menschheit schon gehen, um sich ihren Weg in die Zukunft zu bahnen? Und wieviel werden es noch sein? Ach, du Jesulein von Neruda, der Weg der Menschheit zur Erlösung hat noch immer kein Ende. Aber schlaf nicht mehr, schlaf nicht mehr![2]

Sieben Schritte hin, sieben Schritte her. An einer Wand eine Klapppritsche, an der anderen ein kleines trauriges, braunes Brett mit Tongefäßen. Ja, das kenne ich. Jetzt ist es schon ein bißchen mechanisiert, es gibt Zentralheizung, der Kübel ist durch ein Spülklosett ersetzt – und hauptsächlich die Menschen, hauptsächlich die Menschen sind mechanisiert wie Automaten. Es braucht jemand nur auf einen Knopf zu drücken, das heißt mit dem Schlüssel in der Zellentür zu rasseln oder das Guckloch zu öffnen, so springen die Häftlinge auf, egal, was sie gerade treiben mögen, sie stellen sich in Habtachtstellung hintereinander auf, und wenn dann die Tür geöffnet wird, so bringt der Zellenälteste in einem Atemzug hervor:

»Achtung! Zellezwosiebenundsechzigbelegtmitdreimannallesinordnung.«

Also: 267. Das ist unsere Zelle. Aber in dieser Zelle funktioniert der Automatismus nicht ganz genau. Es springen nur zwei auf. Ich dagegen liege auf einem Strohsack bäuchlings unter dem Fenster, eine Woche, vierzehn Tage, einen Monat, sechs Wochen – und ich werde neu geboren: Ich drehe schon den Kopf, ich hebe schon die Hand, ich stütze mich schon auf den Ellbogen; ich habe sogar schon versucht, mich auf den Rücken zu drehen ... ohne Zweifel, das ist schneller niedergeschrieben als durchlebt.

Aber auch die Zelle macht Veränderungen durch. An Stelle einer Drei wurde eine Zwei an die Zellentür gehängt, wir sind jetzt hier nur zwei: Karlík, der jüngere der beiden Männer, die mich mit dem traurigen Lied begraben haben, ist verschwunden, und es ist von ihm nur die gute Erinnerung an ein gutes Herz geblieben. Ich sah ihn eigentlich nur im Halbschlaf, nur an den letzten zwei Tagen seines Aufenthalts bei uns. Geduldig erzählt er seinen Fall immer und immer wieder, und ich schlief immer wieder inmitten seines Erzählens ein.

Er heißt Karel Malec, ist Maschinist, hat einen Förderkorb in einem Erzbergwerk irgendwo bei Hudlice bedient und von dort Sprengstoffe fortgetragen, die für den Partisanenkampf gebraucht wurden. Er wurde schon vor fast zwei Jahren verhaftet, jetzt fährt er zum Prozeß, vielleicht nach Berlin, es ist eine ganz große Gruppe, wer weiß, wie das enden wird, er hat eine Frau und zwei Kinder, er hat sie lieb, sehr lieb – »aber es war doch meine Pflicht, weißt du, ich konnte doch nichts anderes tun«.

Er verbringt viel Zeit bei mir und zwingt mich, etwas zu essen. Ich kann nicht. Am Samstag – war ich denn schon den achten Tag hier? – raffte er sich zur größten Tat auf: Er meldete dem Polizeimeister, daß ich während der ganzen Zeit, die ich hier bin, noch nichts gegessen habe. Der Polizeimeister, ein ewig besorgter Pankrácer Feldscher in SS-Uniform, ohne dessen Wissen der tschechische Arzt nicht einmal Aspirin verschreiben durfte, brachte selbst eine Schüssel Diätsuppe und stand bei mir, bis ich sie gegessen hatte. Karlík war mit dem Erfolg seines Einschreitens sehr zufrieden, und am nächsten Tag schüttete er schon eigenhändig eine Schüssel Sonntagssuppe in mich hinein. Aber weiter ging es nicht. Die zerschlagenen Kiefer konnten nicht einmal die zerkochten Kartoffeln des Sonntagsgulaschs zermahlen, und die zugeschnürte Kehle wehrte sich gegen jeden festeren Bissen.

»Nicht einmal Gulasch, nicht einmal Gulasch will er«, jammerte Karlík und schüttelte traurig den Kopf.

Und dann machte er sich mit Appetit über meine Portion her, die er mit dem »Vater« ehrlich teilte.

Ach, ihr, die ihr das Jahr zweiundvierzig im Pankrác nicht miterlebt habt, ihr wißt nicht, ihr könnt nicht wissen, was ein Gulasch ist! Regelmäßig, auch in den ärgsten Zeiten, wenn der Magen vor Hunger knurrte, wenn beim Baden mit Menschenhaut überzogene Skelette erschienen, wenn ein Kamerad dem anderen wenigstens mit den Augen die Bissen von dessen Portion stahl, wenn auch der abscheuliche, mit Tomatenextrakt verdünnte Dörrgemüsebrei als ersehnte Delikatesse erschien, auch in dieser sehr schlechten Zeit klatschten einem die Hausarbeiter regelmäßig zweimal in der Woche – am Donnerstag und am Sonntag – eine Kelle Kartoffeln in die Schüssel und übergossen sie mit einem Löffel Gulaschsoße, in der einige Fleischfäserchen schwammen. Es schmeckte wunderbar, ja mehr als das, es war eine greifbare Erinnerung an menschliches Leben, es war etwas Ziviles, etwas Normales in der grausamen Abnormität des Gestapogefängnisses, etwas, wovon man mit Wonne sprach – ach, wer könnte das begreifen, welch hohen Wert ein Löffel guter Soße, gewürzt mit dem Grauen ständigen Hinsterbens, erreichen kann!

Zwei Monate verstrichen, selbst ich verstand das Erstaunen Karlíks schon sehr gut. Nicht einmal Gulasch wollte ich – nichts konnte ihn von meinem baldigen Tod so klar überzeugen wie gerade das.

In der Nacht darauf, um zwei Uhr, weckten sie Karlík. In fünf Minuten mußte er zum Transport bereit sein, wie wenn er nur auf ein Weilchen weg sollte, als ob er nicht eine Reise vielleicht bis ans Ende des Lebens vor sich hätte, in ein neues Zuchthaus, in ein Konzentrationslager, zur Richtstätte, wer weiß wohin. Er kniete noch an meinem Strohsack nieder, umfing meinen Kopf und küßte mich – vom Gang hörte man das grobe Schreien eines uniformierten Antreibers, zum Zeichen, daß Gefühle im Pankrác nichts zu suchen haben. Karlík lief hinaus, das Schloß schnappte ...

... und in der Zelle blieben nur zwei zurück.

Werden wir uns noch einmal wiedersehen, Junge? Und wann kommt der nächste Abschied? Wer von uns beiden Zurückgebliebenen wird früher gehen? Und wohin? Und wer wird ihn rufen? Ein Aufseher in SS-Uniform? Oder der Tod, der keine Uniform hat?

Das schreibe ich jetzt nur mehr im Widerhall der Gedanken, die nach diesem ersten Abschied bei uns geblieben sind. Schon ist ein Jahr seit dieser Zeit vergangen, und die Gedanken, die den fortgehenden Kameraden begleiteten, kehren des öfteren mit kleinerer oder größerer Intensität wieder. Die Zwei, die an der Zellentür aufgehängt worden war, verwandelte sich wieder in eine Drei und wieder in eine Zwei, und wieder waren wir drei, zwei, drei, zwei, neue Mithäftlinge kamen und gingen wieder, und nur die zwei, die damals in der Zelle 267 zurückgeblieben waren, sitzen noch immer treu beisammen.

Der »Vater« und ich

Der »Vater« – das ist der sechzigjährige Lehrer Josef Pešek, Lehrerobmann, fünfundachtzig Tage vor mir verhaftet, weil er sich durch die Ausarbeitung eines Antrages zur Reformierung der freien tschechischen Schule eines Anschlags gegen das Reich schuldig gemacht hat.

Der »Vater« – das ist ...

Aber wie willst du das zu Papier bringen, Junge? Das wird eine schwere Arbeit. Zwei, eine Zelle und ein Jahr! Während dieser Zeit sind schon die Anführungszeichen zu beiden Seiten des Namens »Vater« verschwunden, während dieser Zeit sind aus diesen beiden Zellengenossen verschiedenen Alters wirklich Vater und Sohn geworden, während dieser Zeit hat einer vom andern die Gewohnheiten und die Lieblingsredensarten und vielleicht sogar den Tonfall beim Sprechen angenommen – versuche heute zu ermitteln, was von mir ist und was vom Vater, womit er in die Zelle gekommen ist und womit ich!

Er hat über mir Nächte verbracht und mit weißen, nassen Umschlägen den Tod verscheucht, wenn er sich näherte. Er hat aufopfernd meine Wunden vom Eiter gereinigt und nie gezeigt, daß er den widerwärtigen Gestank gerochen hat, der sich um meinen Strohsack verbreitete. Er hat die armseligen Fetzen meines Hemdes, das dem ersten Verhör zum Opfer gefallen ist, gewaschen und geflickt, und, als das nicht mehr möglich war, mich mit seiner Wäsche bekleidet. Er hat mir ein Gänseblümchen und einen Grashalm gebracht, die er ungeachtet der Gefahr bei der Morgenrunde im Hof des Pankrácer Gefängnisses gepflückt hatte. Er hat mich mit freundlichen Augen begleitet, wenn ich zu neuen Verhören mußte, und erneuerte die Umschläge auf meinen frischen Wunden, mit denen ich zurückkehrte. Wenn man mich zu Nachtverhören führte, schlief er nicht ein, bevor ich zurückkam und er mich auf den Strohsack gelegt und mich sorgfältig in die Decken gepackt hatte.

So waren unsere Anfänge, und die gemeinsame Fortsetzung hat sie nicht betrogen, auch als ich schon auf eigenen Füßen stehen und die Sohnesschuld begleichen konnte.

Aber so in einem Atemzug kannst du das nicht alles niederschreiben, Junge. Das Leben in der Zelle 267 war in diesem Jahr sehr bewegt, und alles, was sie erlebte, erlebte auf seine Art auch der Vater. Das muß gesagt werden. Und das Erzählen ist noch nicht zu Ende. (Was sogar ein Hoffnungsschimmer ist.)

Die Zelle 267 hatte ein bewegtes Leben. Jede Stunde etwa öffnete sich die Tür, und eine Inspektion kam. Das war die angeordnete verschärfte Aufsicht über den kommunistischen Schwerverbrecher, aber es war auch bloße Neugier. Oft starben da Menschen, die nicht sterben sollten. Aber selten geschah es, daß einer nicht starb, von dessen Tod jeder überzeugt war. Es kommen auch die Aufseher von anderen Gängen, beginnen ein Gespräch oder heben schweigend die Decken, genießen fachmännisch die Wunden und reißen dann, je nach dem Naturell, zynische Witze oder schlagen einen freundschaftlicheren Ton an. Einer von ihnen – wir nennen ihn Prášek – kommt öfter als die übrigen, und mit einem breiten Lächeln fragt er, ob der »rote Teufel« da nicht etwas braucht. Nein, danke, er braucht nichts. Nach einigen Tagen entdeckt Prášek, daß der rote Teufel da wohl doch etwas braucht: Rasieren. Und er bringt einen Raseur.

Es ist dies der erste Häftling außerhalb unserer Zelle, mit dem ich da bekannt werde: Genosse Boček. Die Gutmütigkeit Prášeks erweist sich als ein Bärendienst. Der Vater hält meinen Kopf, der Genosse Boček kniet am Strohsack nieder und versucht, sich mit seiner stumpfen Klinge einen Weg durch das Stoppelfeld zu bahnen. Seine Hände zittern, und er hat Tränen in den Augen; er ist überzeugt, daß er einen Leichnam rasiert. Ich versuche ihn zu trösten:

»Nur Mut, Junge, wenn ich die Vernehmung in der Pečkárna[3] ausgehalten habe, dann halte ich auch dein Rasieren aus.«

Aber die Kräfte reichen nicht aus, und wir müssen uns beide ausruhen, er und ich.

Zwei Tage später lerne ich zwei weitere Häftlinge kennen. Die Herren Kommissare im Petschek-Palais sind ungeduldig. Sie haben nach mir geschickt, und weil der Polizeimeister täglich auf die Vorladung schreibt: »transportunfähig«, geben sie Befehl, daß ich auf irgendeine Art transportiert werden muß. Die zwei Häftlinge in der Sträflingskleidung von Kalfaktoren[4] halten also vor unserer Zelle mit einer Tragbahre, der Vater zieht mich mit Mühe an, die Kameraden legen mich auf die Bahre und tragen mich. Einer von ihnen ist der Genosse Skořepa, der künftige fürsorgliche Vater des ganzen

Ganges. Der andere beugt sich zu mir, als ich auf der schrägen Fläche der Bahre rutsche, die eben über die Stiegen getragen wird, und sagt:

»Halt aus!«

Dann fügt er noch leiser hinzu: »So oder so!«

Diesmal geht es am Aufnahmebüro vorbei, sie tragen mich weiter, durch den langen Flur zum Ausgang, der Flur ist voller Menschen – es ist Donnerstag, und die Angehörigen der Inhaftierten kommen wegen deren Wäsche –, alle blicken auf diesen traurigen Zug, Mitleid schaut aus ihren Augen, und das ist mir nicht recht. Ich hebe deshalb die Hand zum Kopf und balle sie zur Faust. Vielleicht sehen sie das und begreifen, daß ich sie grüße, vielleicht ist es eine unsinnige Geste, aber mehr kann ich nicht, ich habe nicht mehr genügend Kraft.

Im Pankrácer Hof laden sie die Bahre auf ein Lastauto, zwei SS-Leute setzen sich zum Chauffeur, zwei SS-Leute mit den Händen an den offenen Pistolentaschen stellen sich mit gespreizten Beinen an mein Kopfende, und wir fahren los. Nein, sie haben da nicht gerade eine ideale Fahrt vor sich: ein Schlagloch nach dem anderen – und noch bevor wir zweihundert Meter gefahren waren, hatte ich das Bewußtsein verloren. Das war eine komische Fahrt durch die Prager Straßen: Ein Fünftonnen-LKW, für dreißig Häftlinge bestimmt, verbraucht jetzt sein Benzin für einen einzigen Häftling, und zwei SS-Leute vorn und zwei SS-Leute hinten, mit Pistolen in den Händen, bewachen mit Raubtieraugen einen Leichnam, damit er ihnen nicht davonläuft.

Am nächsten Tag wiederholte sich die Komödie. Diesmal hielt ich es jedoch bis zum Petschek-Palais aus. Das Verhör dauerte nicht lange. Der Kommissar Friedrich berührte meinen Körper etwas unsanft, und zurück brachten sie mich schon wieder bewußtlos.

Nun kamen Tage, an denen ich nicht mehr daran zweifeln konnte, daß ich lebe. Der Schmerz, der natürliche Bruder des Lebens, machte es mir sehr deutlich. Auch der Pankrác hatte schon erfahren, daß ich durch irgendein Versehen am Leben bin, und es kamen die ersten Grüße: durch die starken Mauern, die Klopftöne überbrachten, und mittels der Augen der Hausarbeiter, wenn sie das Essen ausgaben.

Nur meine Frau wußte nichts von mir. Selbst in Einzelhaft in einer Zelle, nur ein Stockwerk tiefer und drei, vier Zellen weiter, lebte sie zwischen Furcht und Hoffnung, bis ihr eine Nachbarin während der Morgenstunde zuflüsterte, daß es mit mir schon zu Ende sei, daß ich angeblich in meiner Zelle den Wunden vom Verhör erlegen wäre. Dann irrte sie im Hof umher, und die Welt drehte sich mit ihr, und sie fühlte nicht einmal, wie ihr die Aufseherin mit Faustschlägen ins Gesicht Trost gewährte und versuchte, sie in die Reihe zu jagen, die das reguläre Häftlingsleben bedeutet. Was wohl ihre großen, guten Augen gesehen haben mögen, wenn sie dann, ohne zu weinen, über die weißen Wände der Zelle geglitten sind? Und am nächsten Tag wieder ein anderes Gerücht: aber nein, ich wurde nicht ganz erschlagen, ich hätte aber den Schmerz nicht ertragen und mich in der Zelle erhängt.

Und ich wand mich indessen auf dem armseligen Strohsack und drehte mich mit Mühe jeden Abend und jeden Morgen auf die Seite, um meiner Gusti die Lieder zu singen, die sie gern hatte. Wie konnte sie sie nicht hören, wo ich doch so viel Innigkeit in sie hineinlegte?

Heute weiß sie schon, heute hört sie schon, obwohl sie entfernter ist als damals. Und heute wissen auch die Aufseher schon und haben sich daran gewöhnt, daß die Zelle 267 singt, sie schimpfen nicht einmal mehr hinter der Tür, damit Ruhe eintrete.

Die Zelle 267 singt.

Mein ganzes Leben hindurch habe ich gesungen; ich sehe nicht ein, warum ich gerade zum Schluß aufhören sollte, wenn am intensivsten gelebt wird. Und Vater Pešek? Ach, das ist ein ungewöhnlicher Fall! Er singt leidenschaftlich gern. Er hat weder ein musikalisches Gehör noch eine Stimme, noch ein Melodiengedächtnis, aber er liebt den Gesang mit einer so schönen und ergebenen Liebe und findet darin so viel Freude, daß ich nicht einmal höre, wie er von einer Tonart in die andere rutscht und hartnäckig ein G singt, wenn die Ohren sich nach einem A geradezu sehnen. Und so singen wir, wenn uns bange wird; wir singen, wenn ein fröhlicher Tag ist; mit Gesang begleiten wir den Kameraden, der fortgeht, vielleicht auf Nimmerwiedersehen; mit Gesang begrüßen wir gute Nachrichten vom Schlachtfeld im Osten; wir singen zum Trost und singen aus Freude, so wie die Menschen von jeher singen und singen werden, solange sie Menschen sind.

Es gibt kein Leben ohne Gesang, wie es kein Leben ohne Sonne gibt, und wir brauchen den Gesang doppelt, weil die Sonne zu uns nicht kommt. Die Zelle 267 liegt auf der Nordseite, nur in den Sommermonaten zeichnet die untergehende Sonne für einige Augenblicke den Schatten des Gitters an die Ostwand – und dann schaut der Vater, auf das Klappbrett gestützt, nach diesem flüchtigen Sonnenbesuch aus ... und das ist der traurigste Anblick, der sich einem hier bieten kann.

Die Sonne! Wie freigebig leuchtet diese runde Zauberin, so viel Wunder vollbringt sie vor den Augen der Menschen. Und so wenig Menschen leben in der Sonne. Sie wird, ja, sie wird leuchten, und die Menschen werden in ihren Strahlen leben. Es ist schön, das zu wissen. Und doch möchtest du so gerne etwas unendlich weniger Wichtiges wissen. Wird sie auch noch für uns leuchten?

Unsere Zelle liegt nach Norden. Nur manchmal im Sommer, wenn der Tag zur Neige geht, sehen wir die Sonne untergehen. Ach, Vater, einmal möchte ich doch noch einen Sonnenaufgang sehen.

Viertes Kapitel

Die »Vierhundert«

Von den Toten aufzuerstehen ist eine ziemlich sonderbare Angelegenheit. Unaussprechlich sonderbar sogar. Die Welt ist herrlich an einem schönen Tag, wenn du gut ausgeschlafen bist. Aber so eine Auferstehung läßt dich den Tag noch schöner empfinden, dir ist, als wenn du aus einem erquickenderen Schlaf aufgewacht wärest als jemals vorher. Du glaubst, dich auf der Bühne des Lebens gut auszukennen. Aber jetzt ist dir, als ob ein Beleuchter alle Scheinwerfer aufflammen ließe und plötzlich die Bühne in hellem Licht vor dir läge. Du meinst, daß du alles in dich gut aufgenommen hast. Aber jetzt ist dir, als ob du deine Umgebung mal durch ein Fernrohr, mal durch ein Mikroskop wahrnimmst. Von den Toten aufzuerstehen ist wie ein Frühlingserwachen, und wie der Frühling enthüllt dir diese Auferstehung ungeahnte Zauber selbst in der alltäglichsten Umgebung.

Und das auch dann, wenn du weißt, daß das nur für eine Weile so ist. Und das auch dann, wenn deine Umgebung so angenehm und abwechslungsreich ist wie eine Pankrácer Zelle.

Aber eines Tages wird man dich sogar in die Welt hinausführen. Eines Tages wird man dich auch ohne Tragbahre zum Verhör holen – und obwohl du glaubst, daß es nicht möglich ist, geht es. Der Gang hat ein Geländer, die Stiege hat ein Geländer, du bewegst dich eigentlich mehr auf allen vieren vorwärts als auf deinen Beinen, und unten nehmen sich schon die Mithäftlinge deiner an, die dich bis in den Gefangenenwagen begleiten. Dann sitzt du drin, rundherum zehn, zwölf Personen in der dunklen, fahrbaren Zelle, neue Gesichter, sie lächeln dir zu, und du lächelst ihnen zu, jemand flüstert dir etwas ins Ohr, und du weißt nicht, wer es ist, du drückst jemandem die Hand und weißt nicht, wer es ist, und dann biegt der Wagen mit Schwung in die Einfahrt des Petschek-Palais ein, die Kameraden stützen dich, ihr tretet ein in einen großen Raum mit kahlen Wänden, fünf lange Bänke hintereinander, auf denen Menschen in Habtachtstellung sitzen, mit den Händen an den Knien und unbeweglich auf die leere Wand vor sich starrend ... Und das ist, Junge, ein Stück deiner neuen Welt, genannt das »Kino«.

(Mai- Intermezzo 1943)
Heute ist der 1. Mai 1943. Und gerade hat einer Dienst, bei dem ich schreiben kann. Welch ein Glück! An diesem Tag wieder eine Weile ein kommunistischer Journalist zu sein und einen Bericht über den Maiaufmarsch der Kampfkräfte der neuen Welt zu schreiben!

Erwarte nicht, etwas von wehenden Fahnen zu hören. Es gab nichts Derartiges. Ich kann dir nicht einmal von irgendwelchen mitreißenden Taten erzählen, die man so gerne hört. Es war heute alles viel einfacher. Nicht die heftige, stürmische Welle der Zehntausende, die ich in anderen Jahren durch die Straßen Prags habe strömen sehen, *nicht der eiserne Marsch der Hunderttausende, den ich durch die Berliner Straßen dröhnen hörte*, nicht das herrliche Meer der Millionen, das ich den Roten Platz in Moskau überfluten sah. Du kannst hier weder Millionen noch Hunderte sehen. Du siehst hier nur einige Genossen und Genossinnen. Und doch fühlst du, dies ist nicht geringer. Weil es eine Parade der Kräfte ist, die gerade durchs heftigste Feuer geht und sich nicht in Asche, sondern in Stahl verwandelt. Eine Parade im Schützengraben während der Schlacht. Und im Schützengraben trägt man Feldgrau.

Es sind lauter solche Kleinigkeiten, wer weiß, ob du, der du dies einmal lesen wirst und das alles nicht miterlebt hast, es überhaupt begreifen kannst. Aber versuche zu begreifen. Glaube, es ist Kraft darin.

Der Morgengruß der Nachbarzelle, die zwei Beethoventakte

klopft, ist heute feierlicher, betonter, und die Wand überträgt ihn in höheren Tönen.

Wir ziehen das Beste an, was wir haben. Es ist in allen Zellen so.

Das Frühstück empfangen wir schon in voller Parade. Vor den geöffneten Zellentüren defilieren die Kalfaktoren mit Brot, schwarzem Kaffee und Wasser. Genosse Skořepa gibt drei Brote[5] anstatt zwei. Das ist sein Maigruß; der tätige Gruß einer fürsorglichen Seele. Und unter dem Brot drückt sich ein Finger an den anderen. Sprechen darfst du nicht, auch auf die Augen geben sie acht – aber sind nicht die Stummen imstande, mit Fingern deutlich zu sprechen?

Unter dem Fenster unserer Zelle laufen die Frauen zur Morgenrunde auf den Hof. Ich klettere auf den Tisch und schaue durch das Gitter hinunter. Vielleicht werden sie mich sehen. Sie sehen mich. Und sie heben die Faust zum Gruß. Ich erwidere. Unten auf dem Hof ist es heute lebendig, ganz anders, fröhlicher als an anderen Tagen. Die Aufseherin sieht nichts oder will nichts sehen. Und auch das gehört schon zur diesjährigen Maiparade.

Jetzt ist unsere Morgenrunde an der Reihe. Ich turne vor. Es ist Erster Mai, Jungs, wir beginnen heute anders, möge sich die Wache auch wundern. Erste Übung: eins, zwei, eins, zwei, Hammerschläge. Und die zweite Übung: Mähen. Hammer und Sense. Bei etwas Phantasie werden die Genossen vielleicht verstehen. Hammer und Sichel. Ich schaue ringsum. Sie lächeln und wiederholen die Übung mit Schwung. Sie haben verstanden: Das, Jungs, ist unsere Maiversammlung, und diese Pantomime – das ist unser Maigelöbnis, daß wir, auch wenn wir in den Tod gehen, treu bleiben.

Wieder in der Zelle. Neun Uhr. Jetzt schlägt die Kremluhr zehn, und auf dem Roten Platz beginnt der Aufmarsch. Vater, wir gehen mit! Dort singen sie jetzt die Internationale, jetzt erklingt die Internationale in der ganzen Welt, sie soll auch aus unserer Zelle ertönen. Wir singen. Und dann reiht sich ein revolutionäres Lied an das andere, wir wollen doch nicht allein sein, wir sind doch nicht allein, wir gehören doch zu denen, die sie jetzt frei singen, aber ebenso im Kampf wie wir ...

»Genossen in Kerkern,
in kalten Verliesen,
mit uns seid ihr heute,
wenn auch nicht in der Reihe ...«
Ja, wir sind mit euch.[6]

So haben wir in der Zelle 267 den feierlichen Abschluß der Maiparade 1943 geplant. Aber ist das wirklich der Abschluß? Ist da nicht noch die Kalfaktorin von der Frauenabteilung, die jetzt am Nachmittag über den Hof spaziert und den Marsch der Roten Armee pfeift, das »Partisanenlied« und andere Sowjetlieder, um den Männern in den Zellen Mut zu machen? Und der Mann in der Uniform eines tschechischen Wachmannes, der mir Papier und Bleistift gebracht hat und der jetzt im Gang achtgibt, daß mich kein Unberufener überrascht? Und jener andere *in der SS-Uniform*, der eigentlich der Initiator dieser Aufzeichnungen ist, der diese Blätter fortträgt und sorgfältig versteckt, damit sie zur rechten Zeit ans Licht gelangen? Für dieses Stückchen Papier riskieren sie ihren Kopf. Sie riskieren ihn, um eine Brücke zu bilden zwischen dem eingekerkerten Heute und dem freien Morgen. Sie kämpfen. Sie kämpfen ergeben und furchtlos an ihrem Platz, auf den sie gestellt sind, und mit allen Mitteln, die sie haben. Sie sind ganz einfach und unauffällig und so ohne jedes Pathos, daß du nicht einmal den Kampf auf Leben und Tod erkennst, in dem sie auf der Seite der Freunde sind und in dem sie ebenso fallen wie siegen können.

Zehnmal, zwanzigmal hast du die Soldaten der Revolution auf Maiumzügen marschieren sehen, und es war feierlich. Aber erst im Kampf kannst du die wahre Kraft dieser Armee einschätzen und erkennen, wie unbesiegbar sie ist. Der Tod ist einfacher, als du gedacht hast, und das Heldentum hat ein Gesicht ohne Heiligenschein. Aber der Kampf ist noch grausamer, als du angenommen hast, und um ihn durchzustehen und ihn bis zum Sieg zu führen – dazu ist unermeßliche Kraft notwendig. Täglich siehst du sie in Aktion, aber nicht immer wirst du dir ihrer voll bewußt. Denn all dies scheint so selbstverständlich.

Heute bist du dir ihrer wieder bewußt geworden.

Beim Maiaufmarsch 1943.

Der 1. Mai 1943 hat für eine Weile den Fluß dieses Berichts unterbrochen. Es ist gut so. An Feiertagen erinnert man sich ein wenig anders, und vielleicht würde die Freude, die heute vorherrscht, die Erinnerung zu rosig zeichnen.

Und das »Kino« im Petschek-Palais ist wahrlich nichts Erfreuliches. Es ist das Vorzimmer einer Folterkammer, aus der du Stöhnen und Schreckensschreie anderer hörst, ohne zu wissen, was dich erwartet. Du siehst von hier gesunde, starke und frische Menschen fortgehen und nach zwei, drei Stunden Verhör verkrüppelt und zusammengebrochen zurückkehren. Du hörst eine klangvolle Stimme den Abgang zum Verhör melden – und nach einer Stunde meldet die Rückkehr schon eine gebrochene, durch Schmerzen und Fieber erstickte Stimme. Und noch etwas Ärgeres: Du siehst hier auch Menschen, die mit klarem und offenem Blick weggehen, die dir aber nicht mehr in die Augen sehen, wenn sie zurückkommen. Es war dort oben irgendwo in der Kanzlei des Verhörenden vielleicht nur ein einziger schwacher Moment, vielleicht nur ein Augenblick des Schwankens, nur ein kurzer Anflug von Angst oder eines Verlangens, das eigene Ich zu retten – und schon heute oder morgen werden neue Menschen hierherkommen und werden von Anfang an alles Grauen miterleben, neue Menschen, die der Kampfgefährte dem Feind ausgeliefert hat.

Der Anblick eines Menschen, dessen Gewissen nicht mehr rein ist, ist furchtbarer als der Anblick eines körperlich Gepeinigten. Und wenn dir der Tod, der an dir vorübergegangen ist, den Blick geschärft hat, wenn deine Sinne durch die Auferstehung vom Tod geläutert sind, dann fühlst du auch ohne Worte, wer ins Schwanken geraten ist, wer vielleicht auch verraten hat oder wer eben irgendwo in einem Winkelchen seiner Seele darüber nachdenkt, daß es vielleicht nicht so schlimm wäre, wenn er es sich etwas erleichterte und vielleicht nur den letzten seiner Kampfgefährten auslieferte. Armselige Schwächlinge! Als ob das noch ein Leben wäre, wenn es durch das Leben eines Kameraden erkauft wurde!

Vielleicht war das nicht gerade meine erste Überlegung, als ich zum erstenmal im »Kino« saß. Aber sie kam hier oft auf. Und bestimmt stellte sie sich noch an diesem Morgen in einer etwas veränderten Umgebung ein; in einer Umgebung, die hier die reichste Quelle der Erkenntnis ist: in der »Vierhundert«. Ich saß nicht lange im »Kino«. Vielleicht eine Stunde, vielleicht eineinhalb. Dann ertönte hinter meinem Rücken mein Name, zwei Zivilisten, die tschechisch sprachen, nahmen sich meiner an, brachten mich zum Aufzug, beförderten mich in den vierten Stock, und dort führten sie mich in einen großen Raum, auf dessen Tür die Nummer geschrieben war: 400.

Zuerst saß ich dort unter ihrer Aufsicht ganz allein, ganz hinten auf einem einsamen Stuhl an der Wand und sah mich mit dem sonderbaren Gefühl eines Menschen um, dem es scheint, daß er das, was er eben erlebt, schon einmal erlebt hat. War ich schon einmal hier? Nein, noch nicht. Und doch kommt mir alles so bekannt vor. Ich kenne diesen Raum, ich habe von ihm geträumt, einen so grausamen, fieberhaften Traum, der ihn verzerrt hat, der ihn abstoßend entstellt hat, aber doch nicht bis zur Unkenntlichkeit verändern konnte. Jetzt ist er freundlich, voll von Tageslicht und hellen Farben, und durch die großen Fenster mit dem leichten Gitter sieht man die Teynkirche und die grüne Letná und den Hradschin. Im Traum war er düster, ohne Fenster, von schmutziggelbem Licht ein wenig erhellt, in dem die Menschen wie Schatten aussahen. Ja, es waren hier Menschen. Jetzt ist der Raum leer, und seine sechs Bänke dicht hintereinander bilden eine fröhliche Wiese von Löwenzahn und Hahnenfuß. Im Traum war er voller Menschen, sie saßen da auf den Bänken nebeneinander, und ihre Gesichter waren blaß und blutig. Und dort, ganz nahe der Tür, stand ein Mann mit schmerzerfüllten Augen, in zerschlissenem blauem Arbeitsanzug, er wollte trinken, trinken, und dann fiel er langsam wie ein sich senkender Vorhang zu Boden ...

Ja, so war es, aber ich weiß schon, es war kein Traum. Das Grausame und Fieberhafte – das war Wirklichkeit.

Das war in der Nacht meiner Verhaftung und des ersten Verhörs. Hierher brachte man mich vielleicht dreimal, vielleicht zehnmal, was weiß ich, wenn sie sich ausruhen wollten, oder sich jemand anderen vornahmen. Ich war barfuß, und die Steine des Fußbodens kühlten angenehm die zerschlagenen Fußsohlen, daran erinnere ich mich.

Die Bänke waren damals von Junkers-Arbeitern besetzt. Das war die abendliche Jagdbeute der Gestapo. Und der Mann an der Tür in der zerschlissenen blauen Arbeitskleidung, das war der Genosse Bartoň von der Betriebszelle bei Junkers, die _indirekte_ Ursache meiner Verhaftung. Ich sage das, damit niemand wegen meines Schicksals beschuldigt wird. Es war weder Verrat noch Feigheit irgendeines Genossen. Es war nur Unvorsichtigkeit und Pech. Genosse Bartoň suchte Verbindung für seine Zelle nach oben, zur Leitung. Sein Freund, Genosse Jelínek, der die Regeln der Konspiration in mancherlei Hinsicht nicht beachtete, versprach ihm, die Verbindung herzustellen, anstatt vorher mit mir darüber zu sprechen, um so die Verbindung ohne seine Vermittlung anknüpfen zu können. Das war ein Fehler. Und der andere, verhängnisvollere war der, daß ein Provokateur das Vertrauen des Genossen Bartoň gewann. Er hieß Dvořák. Ihm vertraute Genosse Bartoň auch Jelíneks Namen an – und so geriet die Familie Jelínek in den Interessenkreis der Gestapo. Nicht wegen der Hauptaufgabe, die sie zwei Jahre hindurch gut erfüllte, sondern wegen eines einzigen kleinen Dienstes, der sie nur einen Fußbreit von den konspirativen Pflichten wegführte. Und daß man sich im Petschek-Palais entschloß, die Jelíneks gerade in der Nacht zu verhaften, in der ich bei ihnen eine Zusammenkunft organisiert hatte, und daß man mit so viel Leuten ihretwegen kam – das war schon reiner Zufall. Dies gehörte nicht zum Plan, die Jelíneks sollten erst am nächsten Tag verhaftet werden, man fuhr, eigentlich mehr aus Übermut, ein bißchen »an die Luft« nach der erfolgreichen Aushebung bei Junkers. Unsere Überraschung über die Ankunft der Polizei war nicht größer als die ihre darüber, daß sie mich dort fanden. Und sie wußten nicht einmal, wen sie gefunden hatten, wer weiß, ob sie es überhaupt jemals erfahren hätten, wenn nicht gleichzeitig mit mir ...

Aber zu dieser Fortsetzung meiner ersten Überlegungen in der »Vierhundert« gelangte ich erst nach einer beträchtlichen Weile. Da war ich nicht mehr allein, da waren die Bänke und die holzverkleideten Wände ringsum schon besetzt, und Stunden voller Überraschungen verflossen. Merkwürdige Überraschungen, die ich nicht verstand, und schlimme Überraschungen, die ich nur zu gut verstand.

Die erste Überraschung jedoch zählte zu keiner der beiden Gruppen, die war nur lieb, klein und für niemanden wichtig – und doch werde ich sie niemals vergessen. Ein Gestapoagent, der mich bewachte – ich erkannte ihn, es war nämlich derjenige, welcher mir nach meiner Verhaftung alle Taschen umgekehrt hatte –, warf mir eine halbe brennende Zigarette zu. Die erste Zigarette nach drei Wochen, die erste Zigarette für einen Menschen, der zum zweitenmal geboren worden war! Sollte ich sie nehmen? Er sollte ja nicht auf den Gedanken kommen, daß er mich dadurch bestechen kann. Aber er verfolgte sie mit einem Blick, der jeder hinterlistigen Absicht bar war – nein, der wollte mich nicht kaufen. (Trotzdem rauchte ich sie nicht zu Ende, denn Neugeborene sind keine starken Raucher.)

Die zweite Überraschung: In den Raum treten im Gänsemarsch vier Leute, sie begrüßen tschechisch die wachhabenden Zivilisten – und mich, setzen sich an verschiedene Tische, blättern Akten auf, zünden sich Zigaretten an, frei, ganz frei, als ob sie hier Beamte wären. Aber ich kenne sie doch, wenigstens drei von ihnen kenne ich, das ist doch nicht möglich, daß sie im Dienste der Gestapo sind – oder vielleicht doch? Auch sie? Das ist doch der *Teringl – oder Renek, wie wir ihn nannten –, der* einstige Partei- und Gewerkschaftssekretär, eine etwas wilde, aber treue Natur – nein, unmöglich. Da ist Anka Viková, immer gleichmäßig aufrecht und gleichmäßig schön, wenn auch schon mit ganz weißen Haaren, eine standhafte und hartnäckige Kämpferin – nein, unmöglich. Und da ist Vašek *Rezkù*, ein Maurer aus einer nordböhmischen Grube und dann Bezirkssekretär der Partei, wie sollte ich ihn nicht kennen ... was für Kämpfe wir miteinander im Norden erlebt haben ... daß sie dem das Rückgrat brechen konnten? Nein, unmöglich. Aber was wollen sie dann da? Was tun sie dann hier?

Noch habe ich keine Antwort auf diese Frage gefunden, und schon häufen sich neue. Man führt *Klecan* herein und die Ehepaare Jelínek und Fried – ja, das weiß ich, die wurden leider mit mir verhaftet. Aber warum ist hier auch Pavel Kropáček, der Kunsthistoriker, der Mirek bei der Arbeit unter den Intellektuellen geholfen hat? Wer außer mir und Mirek *Klecan* hat von ihm gewußt? Und warum macht mir dieser lange junge Mensch mit dem zerschlagenen Gesicht Zeichen, daß wir einander nicht kennen? Ich kenne ihn ja wirklich nicht. Wer ist das eigentlich? Štych? Dr. Štych? Zdenek? Aber um Gottes willen, das bedeutet doch die Ärztegruppe! Und wer außer mir und Mirek *Klecan* hat von ihr gewußt? Und warum hat man mich beim Verhör in der Zelle nach den tschechischen Intellektuellen gefragt? Wie sind sie überhaupt darauf gekommen, mich mit der Arbeit unter den Intellektuellen in Verbindung zu bringen? Wer außer mir und Mirek *Klecan* hat davon etwas gewußt?

Die Antwort darauf war nicht schwer zu geben, aber sie war schwer, sie war hart. Mirek hat enttäuscht. Mirek hat ausgesagt. Noch eine Weile konnte ich hoffen, daß er vielleicht nicht alles gesagt hat. Aber dann brachte man eine weitere Gruppe von Häftlingen herauf – und ich sah: Vlad. Vančura, Prof. Felber und sein Sohn,

Bedřich Václavek, bis zur Unkenntlichkeit maskiert, Božena Půlpánová, Jindřich Elbl, den Bildhauer Dvořák, alle, die das nationalrevolutionäre Komitee der tschechischen Intelligenz bildeten oder bilden sollten, alle waren da. Über die Arbeit unter den Intellektuellen hat *Klecan* alles gesagt.

Ich hatte es in den ersten Tagen im Petschek-Palais nicht gerade leicht. Aber das war der schwerste Schlag, den ich da erhielt. Ich hatte den Tod erwartet, aber nicht Verrat. Und wenn ich noch so milde urteilte, wenn ich alle mildernden Umstände erwog und mir alles ins Gedächtnis rief, was Klecan nicht ausgesagt hat, konnte ich keine anderen Worte finden als: Das war Verrat. Nicht bloßes Schwanken, nicht Schwäche, nicht das Zusammenbrechen eines zu Tode gemarterten und im Fieber Erleichterung suchenden Menschen, nichts, was zu entschuldigen wäre.

Jetzt verstand ich, wieso sie gleich in der ersten Nacht meinen Namen kannten. Jetzt verstand ich, wie Anička Jirásková hierherkam, bei der ich mit *Klecan* einige Male zusammengekommen war. Jetzt begriff ich, warum Kropáček hier war, warum Dr. Štych.

Fast täglich kam ich dann in die »Vierhundert«, und täglich erfuhr ich neue Einzelheiten. Es war traurig und abstoßend. Ja, das war einmal ein Mann mit Rückgrat, der den Kugeln nicht auswich, als er an der spanischen Front kämpfte, und der sich nicht beugte, als er die Grausamkeiten eines Konzentrationslagers in Frankreich durchlebte. Jetzt erbleicht er vor einem Rohrstock in der Hand eines Gestapomannes und verrät, um seine Zähne zu behalten. Wie oberflächlich war doch seine Tapferkeit, wenn einige Schläge sie in ein Nichts auflösen konnten. So oberflächlich wie seine Überzeugung. Er war stark in der Masse, umgeben von Gleichgesinnten. Er war stark, weil er an sie dachte. Jetzt, isoliert, allein, umgeben vom angreifenden Feind, hat er seine Kraft völlig verloren. Er verlor alles, weil er begonnen hat, an sich zu denken. Um seine Haut zu retten, hat er die Kameraden geopfert. Er ist der Feigheit verfallen, und aus Feigheit hat er Verrat geübt.

Er hat sich nicht gesagt, daß es besser ist, zu sterben, als das bei ihm vorgefundene Material zu dechiffrieren. Er hat es dechiffriert. Er hat die Namen preisgegeben. Er hat die Adressen der Wohnungen genannt, wo illegale Treffs stattfanden. Er hat den Agenten der Gestapo Štych in die Hände gespielt. Er hat sie in Dvořáks Wohnung geführt, um dort Václavek und Kropáček aufzustöbern. Er hat Anička verraten. Er hat auch Lída verraten, ein standhaftes und tapferes Mädchen, das ihn gern gehabt hat. Es genügten einige Schläge, um ihn zu veranlassen, die Hälfte auszusagen. Und als er bereits überzeugt war, daß ich tot bin und daß er sich niemandem gegenüber wird verantworten müssen, erzählte er den Rest.

Nicht mir hat er damit etwas angetan, ich war schon in den Klauen der Gestapo – was konnte mir noch geschehen? Im Gegenteil. Seine Aussage war etwas Konkretes, worauf sich die ganze Untersuchung stützte, etwas, was dem Anfang einer Kette glich, deren weitere Glieder ich in der Hand hatte und worauf sie gern gekommen wären – nur deshalb überlebte ich später das Standrecht, und mit mir auch ein großer Teil unserer Gruppe. Aber es hätte eben keine Gruppe gegeben, wenn er standhaft geblieben wäre. Wir beide wären längst tot, aber andere wären am Leben geblieben und hätten weitergearbeitet, nachdem wir gefallen waren.

Ein Feigling verliert mehr als sein Leben. Er hat verloren. Er ist aus der ruhmreichen Armee desertiert und hat sich der Verachtung auch des schmutzigsten der Feinde ausgeliefert. Und wenn auch am Leben, lebte er nicht mehr, weil er sich außerhalb des Kollektivs gestellt hat. Er versuchte später, einiges wiedergutzumachen, aber er wurde nie wieder aufgenommen, was im Gefängnis furchtbarer ist als irgendwo sonst.

Häftling und Einsamkeit – diese beiden Vorstellungen gehen gewöhnlich Hand in Hand. Und doch ist das ein großer Irrtum. Der Häftling ist nicht allein, das Gefängnis ist ein großes Kollektiv, und auch die strengste Isolierung kann niemanden aus ihm herausreißen, wenn er sich nicht selbst ausschließt. Die Brüderlichkeit der Unterdrückten ist hier einem Druck ausgesetzt, der sie zusammenschließt, stählt und empfänglicher macht. Sie dringt durch Wände, die leben, sprechen oder Zeichen klopfen. Sie umfängt die Zellen eines Ganges, die durch gemeinsames Leid, durch gemeinsamen Dienst, durch gemeinsame Kalfaktoren und durch die gemeinsame Morgenrunde in freier Luft verbunden sind, wo ein Wort oder eine Geste genügt, um eine Nachricht zu übermitteln oder ein Menschenleben zu retten. Sie verbindet das ganze Gefängnis durch gemeinsame Fahrten zum Verhör, gemeinsames Sitzen im »Kino« und gemeinsame Rückkehr. Es ist eine Brüderlichkeit der wenigen Worte und großen Taten, weil auch ein bloßer Händedruck oder eine zugesteckte Zigarette den Käfig zerschlägt, in den man dich gesetzt hat, und dich von der Einsamkeit, die dich in die Knie zwingen soll, befreit. Die Zellen haben Hände; du fühlst, wie sie dich stützen, damit du nicht fällst, wenn du zermartert vom Verhör zurückkommst; aus ihnen empfängst du Nahrung, wenn dich andere zum Hungertode treiben. Die Zellen haben Augen; sie schauen auf dich, wenn du zur Hinrichtung gehst, und du weißt, daß du aufrecht gehen mußt, weil du ihr Bruder bist und sie nicht durch einen zögernden Schritt schwächen darfst. Es ist eine blutende, aber unbezwingbare Brüderlichkeit. Wenn ihre Hilfe nicht wäre, könntest du nicht einmal den zehnten Teil deines Schicksals ertragen. Du nicht und kein anderer.

In diesem Bericht, vorausgesetzt, daß ich ihn fortsetzen kann (denn wir wissen weder den Tag noch die Stunde), wird oft die Zahl vorkommen, die im Titel dieses Kapitels steht: die »Vierhundert«. Ich habe sie als Raum kennengelernt, und die ersten Stunden und die ersten Überlegungen in ihm waren unerfreulich. Aber das war kein Raum – das war ein Kollektiv. Und es war ein freudiges und kämpferisches Kollektiv.

Dieser Raum entstand im Jahre 1940, als die Akten der antikommunistischen Abteilung wuchsen. Er war eine Filiale des Hausgefängnisses, des »Kinos«, eine Filiale des Warteraumes für Untersuchungsgefangene, speziell für Kommunisten bestimmt, damit sie nicht zu jeder Frage immer von neuem aus dem Parterre in den vierten Stock geholt werden mußten, damit die Gestapobeamten, die die Verhöre führten, sie immer bei der Hand hatten. Es war dies eine Erleichterung für ihre Arbeit. So war es von ihnen gedacht.

Aber man stecke zwei Häftlinge – und noch dazu Kommunisten – zusammen, und in fünf Minuten ist das schon ein Kollektiv, das einem alle Pläne durchkreuzt. Im Jahre 1942 wurde er nicht mehr anders genannt als »die kommunistische Zentrale«. Er machte viele Veränderungen durch, und viele Tausende Genossen, Männer und Frauen, lösten einander auf seinen Bänken ab. Eines aber hat sich in ihm nicht geändert: die kampfergebene und siegesbewußte Seele des Kollektivs.

Die »Vierhundert« – das war ein weit vorgeschobener Schützengraben, vom Feind schon von allen Seiten umzingelt und konzentriertem Beschuß ausgesetzt; sie dachte aber mit keinem Atemzug daran, sich zu ergeben. Über ihr wehte die rote Fahne. In ihr zeigte sich die Solidarität des ganzen um seine Befreiung kämpfenden Volkes.

Unten, im »Kino«, gingen die SS-Wachen in hohen Stiefeln auf und ab und quittierten mit Gebrüll jedes Zwinkern deines Auges. Hier, in der »Vierhundert«, waren die Aufseher tschechische Inspektoren und Agenten der Polizeidirektion, die freiwillig oder auf Anordnung ihrer Vorgesetzten als Übersetzer in den Dienst der Gestapo getreten waren und ihre Pflicht entweder als Diener der Gestapo oder – als Tschechen erfüllten. Oder auch etwas dazwischen. Hier brauchtest du schon nicht mehr in Habtachtstellung mit den Händen an den Knien und mit geradeaus gerichteten Augen zu sitzen, hier konntest du schon freier sitzen, konntest dich umsehen, konntest Handbewegungen machen – und auch mehr, je nachdem, welche der drei Kategorien gerade Aufsicht hatte.

Die »Vierhundert« – das war ein Ort, an dem man zutiefst das Lebewesen Mensch erkennen konnte. Die Nähe des Todes macht hier jeden nackt und bloß. Auch dich, der du auf dem linken Arm die rote Binde des kommunistischen Untersuchungsgefangenen oder des der Zusammenarbeit mit Kommunisten Verdächtigen trägst, und auch dich, der die Häftlinge hier bewachen soll und der irgendwo nebenan sich an ihrem Verhör beteiligt. Dort, bei der Untersuchung, konnten Worte ein Schild oder eine Waffe sein. In der »Vierhundert« konntest du dich nicht mehr hinter einem Wort verbergen. Hier wurde nicht gewogen, was du sagst, sondern was in dir steckt. Und nur das Wichtigste ist in dir verblieben. Alles Nebensächliche, was die Grundzüge deines Charakters milderte, abschwächte oder verschönte, fiel ab, wurde durch den todnahen Sturm weggerissen. Es blieben nur der bloße Satzgegenstand und die Satzaussage: Der Treue hält stand, der Verräter verrät, der Spießer verzweifelt, der Held kämpft. In dem Menschen wohnen oft Kraft und Schwäche, Mut und Angst, Festigkeit und Schwanken, Reinheit und Schmutz beieinander. Aber hier durfte nur noch das eine oder das andere bleiben. Entweder – oder. Und wenn jemand versuchte, unauffällig dazwischen zu tanzen, so war er auffälliger als der, der mit einer gelben Feder auf dem Hut und mit Tschinellen in der Hand in einem Begräbniszug tanzen wollte.

Es gab solche unter den Häftlingen, es gab solche auch unter den tschechischen Inspektoren und Agenten. Bei der Untersuchung zündete er seinem Reichs-Herrgott eine Kerze an und in der »Vierhundert« eine dem bolschewistischen Teufel. Vor dem deutschen Kommissar schlug er dir die Zähne ein, um aus dir den Namen deines Verbindungsmannes herauszubekommen, und in der »Vierhundert« bot er dir freundschaftlich Brot an, um den Hunger zu vertreiben. Bei einer Hausdurchsuchung raubte er dir deine ganze Wohnung aus, und in der »Vierhundert« steckte er dir aus der Beute einen Zigarettenstummel zu, um zu zeigen, wie er mit dir fühlt. Andere – es war gewissermaßen nur eine Abart derselben Gattung – taten nie jemandem aus eigenem Antrieb etwas zuleide, um so weniger aber halfen sie. Sie dachten immer nur an ihre eigene klägliche Haut. Ihr

Gefühlsleben machte aus ihnen ein vorzügliches politisches Barometer. Sind sie zugeknöpft und sehr unpersönlich? Sei sicher: Die Deutschen rücken auf Stalingrad vor. Sind sie freundlich und lassen sich mit den Häftlingen in eine Unterhaltung ein? Dann ist die Lage günstig: Die Deutschen wurden offensichtlich bei Stalingrad zurückgeschlagen. Beginnen sie von ihrer alten tschechischen Abstammung zu erzählen und davon, wie sie in den Dienst der Gestapo kommandiert wurden? Fein: Die Rote Armee dringt gewiß schon über Rostow vor. Und noch andere von derselben Gattung stecken die Hände in die Taschen, wenn du ertrinkst, und reichen dir gern die Hand, wenn du allein ans Ufer kommst.

Diese Leute spürten das Kollektiv der »Vierhundert« und versuchten, sich ihm zu nähern, weil sie seine Kraft richtig einschätzten, aber sie gehörten nie zu ihm. Und es gab eine andere Gattung, die von diesem Kollektiv nicht einmal eine Ahnung hatte: meinetwegen Mörder, aber ein Mörder ist ein menschliches Wesen. Tschechisch sprechende Bestien mit Knüppel und Eisen in der Hand, die tschechische Häftlinge so mißhandelten, daß sogar viele deutsche Kommissare vor diesem Anblick davonliefen. Sie konnten sich nicht einmal aus Heuchelei auf das Interesse ihrer Nation oder des Reichs berufen; sie folterten und mordeten aus Lust, schlugen Zähne ein und zerstörten Trommelfelle, quetschten Augen aus, traten in die Geschlechtsteile, legten das Gehirn der Gefolterten bloß und schlugen sie zu Tode aus Grausamkeit, die keinen Grund außer sich selbst hatte. Täglich konntest du sie sehen, täglich mußtest du mit ihnen zusammenkommen und ihre Gegenwart ertragen, die die ganze Luft mit Blut und Stöhnen erfüllte; es half dir da nur die unerschütterliche Gewißheit, daß sie der Gerechtigkeit nicht entgehen werden, selbst wenn sie alle Zeugen ihrer Verbrechen ausrotteten.

Und neben ihnen an einem Tisch saßen Menschen, die äußerlich die gleichen Rangabzeichen trugen, Menschen, die es wert sind, daß man ihre Namen in großen Lettern schreibt. Menschen, die die Häftlingsaufsicht in eine Häftlingsfürsorge verwandelten, Menschen, die das Kollektiv der »Vierhundert« schaffen halfen und die mit ihrem ganzen Herzen und ihrem ganzen Mut auch zu ihm gehörten. Ihre Größe war um so bemerkenswerter, als es keine Kommunisten waren, sondern im Gegenteil Leute, die früher einmal im Dienste der tschechischen Polizei gegen die Kommunisten gearbeitet hatten, aber die Kraft der Kommunisten erkannten und deren Bedeutung für ihr ganzes Volk begriffen, als sie sie im Kampf gegen die Okkupanten sahen, und von diesem Augenblick an jedem treu dienten und halfen, der auch auf der Häftlingsbank treu blieb. Viele Kämpfer draußen hätten gezögert, wenn sie eine Ahnung gehabt hätten, was für Schrecken sie erwarteten, wenn sie in die Hände der Gestapo fielen. Die hier hatten diese Schrecken ständig vor Augen, jeden Tag, jede Stunde. Jeden Tag und jede Stunde konnten sie erwarten, daß man sie neben die übrigen Häftlinge setzen und sie noch ärger behandeln werde als jene. Und doch zögerten sie nicht. Sie halfen, das Leben Tausender zu retten, und erleichterten das Schicksal derjenigen, deren Leben sie nicht mehr retten konnten. Ihnen gebührt die Bezeichnung Helden. Ohne ihre Hilfe hätte die »Vierhundert« nie das sein können, was sie wurde und als was sie Tausende Kommunisten kennengelernt haben: ein lichter Ort in einem dunklen Haus, ein Schützengraben im Rücken des Feindes, ein Zentrum des Kampfes um die Freiheit inmitten der Höhle der Okkupanten.

Fünftes Kapitel

Gestalten und Figuren I

Um eines bitte ich: Ihr, die ihr diese Zeit überlebt, vergeßt nicht! Vergeßt die Guten nicht und nicht die Schlechten! Sammelt geduldig die Zeugnisse über jene, die für sich und für euch gefallen sind. Eines Tages wird das Heute Vergangenheit sein, wird man von der großen Zeit und von den namenlosen Helden sprechen, die Geschichte gemacht haben. Ich möchte, daß man weiß, daß es keine namenlosen Helden gegeben hat. Daß es Menschen waren, die ihren Namen, ihr Gesicht, ihre Sehnsucht und ihre Hoffnungen hatten, und daß deshalb der Schmerz auch des Letzten unter ihnen nicht kleiner war als der Schmerz des Ersten, dessen Name erhalten bleibt. Ich möchte, daß sie alle euch immer nahe bleiben, wie Bekannte, wie Verwandte, wie ihr selbst.

Ganze Familien von Helden sind hingemordet worden. Sucht euch wenigstens einen von ihnen heraus und liebt ihn so, wie Söhne und Töchter ihre Eltern lieben, und seid stolz auf ihn als auf einen großen Menschen, der für die Zukunft gelebt hat. Jeder, der treu für die Zukunft gelebt hat und für ihre Schönheit gefallen ist, ist eine in Stein gehauene Gestalt. Und jeder, der aus dem Staub der Vergangenheit einen Damm gegen die Flut der Revolution bauen wollte, gleicht nur einer Figur aus modrigem Holz, möge er auch heute die Schulterstücke voller Rangabzeichen haben. Aber auch diese Figuren muß man sich vergegenwärtigen, in ihrer Nichtigkeit und Armseligkeit, in ihrer Grausamkeit und Lächerlichkeit, denn das ist Anschauungsmaterial für das künftige Vorstellungsvermögen.

Ich kann mich im weiteren nur auf Fakten, auf reine Zeugenaussagen beziehen. Das sind nur Details, wie ich sie aus meiner eingeengten Sicht und ohne den notwendigen Abstand von den Dingen zu sehen vermochte. Aber es sind typische Details des wahren Bildes von Größe und Nichtigkeit, von Gestalten und Figuren.

Die Jelíneks

Josef und Marie. Er Straßenbahner, sie Hausgehilfin. Man muß ihre Wohnung kennen. Eine einfache, zweckmäßige und moderne Einrichtung, ein Bücherregal, eine Gipsfigur, Bilder an den Wänden, und sauber, ja blitzsauber. Man könnte glauben, daß sich darin Maries ganze Seele offenbart und daß sie von der übrigen Welt nichts weiß, indes hat sie schon längst in der Kommunistischen Partei gearbeitet und auf ihre Art von Gerechtigkeit geträumt. Sie haben beide ergeben und still gearbeitet und haben sich nicht zurückgezogen, als die Okkupation schwere Anforderungen an sie stellte.

Nach drei Jahren drang die Polizei in ihre Wohnung ein. Sie standen nebeneinander, Hände hoch.

19. Mai 1943

Heute nacht bringen sie meine Gusti nach Polen »zur Arbeit«. Auf die Galeere, zum Typhustod. Ich habe vielleicht noch einige Wochen, vielleicht zwei, drei Monate zu leben. Meine Akten wurden angeblich dem Gericht übergeben. Also vielleicht noch vier Wochen in Untersuchungshaft im Pankrác und dann noch einmal zwei, drei Monate bis zum Ende. Diese Reportage wird nicht beendet werden. Ich will versuchen, sie fortzusetzen, wenn in diesen paar Tagen noch Gelegenheit ist. Heute kann ich nicht. Heute habe ich Kopf und Herz voll mit Gusti, einem edlen, tieffühlenden und innigen Menschen, einem wertvollen, ergebenen Gefährten in einem stürmischen und niemals ruhigen Leben.

Abend für Abend singe ich ihr das Lied, das sie immer gerne hatte: vom bläulichen Steppengras, das in der ruhmvollen Sage der Partisanenkämpfe rauschte, von der Kosakin, die an der Seite der Männer die Freiheit erkämpfte, von ihrer Tapferkeit und davon, wie sie sich in einem der Kämpfe »nicht mehr von der Heimaterde erheben konnte«.[7]

Das ist meine Kampfgefährtin! Wieviel Kraft ist in diesem zierlichen Geschöpf mit den ausdrucksvollen Gesichtszügen und den großen Kinderaugen, aus denen so viel Zärtlichkeit spricht! Der Kampf und die ständige Trennung haben aus uns ewige Liebesleute gemacht, die nicht einmal, sondern hundertmal im Leben die erregenden Momente der ersten Liebkosungen und des ersten Sichkennenlernens durchleben. Und doch ist es immer <u>ein</u> Schlag, den unsere Herzen schlagen, und <u>ein</u> Atem, den wir in seligen Stunden und in Stunden des Bangens, der Erregung oder der Trauer atmen. Jahre hindurch haben wir zusammen gearbeitet und einander geholfen, wie nur ein Kamerad dem anderen helfen kann; Jahre hindurch war sie mein erster Leser und erster Kritiker, und das Schreiben fiel mir schwer, wenn ich nicht ihren freundlichen Blick im Rücken fühlte. Jahre hindurch standen wir nebeneinander in den Kämpfen, an denen es uns nicht mangelte, und Jahre hindurch wanderten wir Hand in Hand durch die Gegenden, die wir liebten. Wir überstanden viele Unannehmlichkeiten und erlebten viele große Freuden, denn wir waren reich an dem Reichtum der Armen. An dem, der im Innern ist.

Gusti? Ja, das ist Gusti:

Es war während des Standrechts, Mitte Juni vorigen Jahres. Sie sah mich nach sechs Wochen, nach all diesen leidvollen Tagen, zum erstenmal seit unserer Verhaftung, nach Wochen, die sie allein in der Zelle verbracht hatte, grübelnd über die Nachrichten, die ihr meinen Tod verkündeten. Man rief sie, um mich weich zu machen.

»Reden Sie ihm zu«, sagte ihr wiederholt der Chef der Abteilung bei der Konfrontation mit mir, »reden Sie ihm zu, daß er vernünftig sein soll. Wenn er schon nicht an sich selbst denkt, so soll er wenigstens an Sie denken. Sie haben eine Stunde Bedenkzeit. Wenn er auch dann hart bleibt, werdet ihr heute Abend erschossen. Beide.«

Sie liebkoste mich mit ihrem Blick und antwortete einfach:

»Herr Kommissar, das ist keine Drohung für mich, das ist meine letzte Bitte. Wenn Sie ihn umbringen, dann bringen Sie mich auch um.«

Ja, das ist Gusti! Liebe und Festigkeit.

Das Leben können sie uns nehmen, nicht wahr, Gusti, aber unsere Ehre und unsere Liebe nicht.

Ach, ihr Menschen, könnt ihr euch vorstellen, wie wir leben würden, wenn wir uns nach all diesen Entbehrungen wiederfänden? Wiederfänden in einem erlösten, schönen Leben der Freiheit und des Schaffens? Wenn das wird, was wir erstrebt, wofür wir gekämpft haben und wofür wir jetzt sterben werden? Ach, wahrhaftig, auch als Tote werden wir doch irgendwo in einem Stückchen eures großen Glücks leben, weil wir unser Leben darein gelegt haben. Und das bereitet uns Freude, auch wenn uns der Abschied traurig stimmt.

Man hat uns nicht einmal erlaubt, voneinander Abschied zu nehmen, uns zu umarmen, uns die Hände zu reichen. Nur das Häftlingskollektiv, das auch den Karlsplatz[8] mit dem Pankrác verbindet, gibt uns einander von unserem Schicksal Nachricht.

Du weißt, Gusti, und auch ich weiß, daß wir uns wahrscheinlich nie wiedersehen werden. Und doch höre ich dich von weitem rufen: Auf Wiedersehen, du mein Geliebter!

Auf Wiedersehen, meine Gusti!

Mein Testament

Ich hatte nichts außer der Bibliothek. Die hat die Gestapo vernichtet.

Ich habe zahlreiche Artikel über Kultur und Politik geschrieben, Reportagen, Literatur- und Theaterstudien und Referate. Viele von ihnen waren für den Tag geschrieben und starben mit dem Tag. Laßt sie liegen. Einige jedoch gehören dem Leben. Ich hatte gehofft, daß Gusti sie ordnen wird. Wenig Hoffnung. Ich bitte also den redlichen Kameraden Láďa Stoll, eine Auswahl zu treffen und fünf Büchlein zusammenzustellen.

1. Politische Artikel und Polemiken.
2. Eine Auswahl von Reportagen.
3. Eine Auswahl von Reportagen aus der Sowjetunion.

4. und 5. Artikel und Studien über Literatur und Theater.

In der Mehrzahl findet er sie in der »Tvorba« und im »Rudé právo«, einige im »Kmen«, »Pramen«, »Proletkult«, in der »Doba«, im »Socialista«, in der »Avantgarda« und ähnlichen Zeitschriften.

Im Manuskript befindet sich beim Verleger Girgal (den ich wegen des selbstverständlichen Mutes liebe, mit dem er während der Okkupation meine »Božena Němcová« herausgegeben hat) eine Studie über Julius Zeyer;[9] irgendwo in dem Hause, in welchem die Jelíneks, die Vysušils und Sucháneks (die meisten sind heute schon tot) wohnten, sind ein Teil einer Studie über Sabina[10] und Anmerkungen über Jan Neruda versteckt.

Ich habe einen Roman über unsere Generation zu schreiben begonnen. Zwei Kapitel sind bei meinen Eltern, der Rest ist wahrscheinlich vernichtet. Einige handschriftliche Erzählungen habe ich in den Akten bei der Gestapo gesehen.

Dem Literaturhistoriker, der erst kommen wird, möchte ich Jan Neruda ans Herz legen. Es ist dies unser größter Dichter, der auch noch weit über uns hinaus in die Zukunft sieht. Und es gibt noch kein Werk, das ihn richtig erfaßt und würdigt. Man muß den Proletarier Neruda zeigen. Man hat ihm die Kleinseitner Idylle an die Rockschöße gehängt und sieht nicht, daß er für diese »idyllische«, alteingesessene Kleinseite »ein Nichtsnutz war«, daß er an der Grenze von Smíchov geboren wurde, in einem von Arbeitern bewohnten Viertel, und daß er zum Kleinseitner Friedhof wegen seiner »Kirchhofsblumen« an der Ringhofer-Fabrik vorbeigehen mußte. Ohne das begreift man nicht den Neruda von den »Kirchhofsblumen« bis zum Feuilleton »1. Mai 1890«. So mancher – auch ein so weitsichtiger Mensch wie Šalda[11] – sieht gewissermaßen eine Beeinträchtigung des dichterischen Schaffens Nerudas in seiner journalistischen Tätigkeit. Das ist Unsinn. Gerade weil Neruda Journalist war, konnte er ein so großartiges Werk wie seine »Balladen und Romanzen« schreiben oder die »Freitagsgesänge«[12] und den Großteil der »Schlichten Motive«. Die Journalistik schöpft den Menschen aus, verzettelt ihn vielleicht auch, aber sie verbindet ihn mit dem Leser und lehrt ihn, auch Poesie zu schreiben – allerdings nur, wenn es sich um einen so anständigen Journalisten handelt, wie Neruda einer war. Ein Neruda ohne die Zeitung, die nur einen Tag lebt, hätte vielleicht viele Gedichtbände geschrieben, aber keinen einzigen, der Jahrhunderte überlebt hätte, wie alle seine Werke sie überleben werden.

Auch den »Sabina« wird vielleicht jemand vollenden. Er verdient es.

Meinen Eltern wollte ich für ihre Liebe und schlichte Hochherzigkeit einen sonnigen Herbst sichern durch all meine Arbeit. Und das nicht nur für sie. Möge er nicht dadurch getrübt sein, daß ich nicht bei ihnen bin. »Der Mensch ist sterblich, sein Werk wird fortleben«, und in der Wärme und im Licht, die sie umgeben, werde ich immer um sie sein.

Meine Schwestern Lída und Věra bitte ich, durch ihren Gesang Vater und Mutter die Lücke in unserer Familie vergessen zu machen. Sie haben genug Tränen geschluckt, als sie uns im Petschek-Palais besuchen kamen. Aber Freude lebt in ihnen, und dafür habe ich sie lieb, und darum haben wir einander lieb. Sie sind Säerinnen der Freude – mögen sie nie aufhören, es zu sein.

Den Genossen, die diese letzte Schlacht überleben und die nach uns kommen, drücke ich fest die Hand. Für mich und für Gusti. Wir haben unsere Pflicht erfüllt.

Und noch einmal wiederhole ich: Wir haben für die Freude gelebt, für die Freude sind wir in den Kampf gegangen, und für sie werden wir sterben. Deshalb möge nie Trauer mit unserem Namen verbunden sein.

19. V. 43   J. F.

22. Mai 1943

Abgeschlossen und unterschrieben. Beim Untersuchungsrichter bin ich schon seit gestern fertig. Es geht sogar rascher, als ich angenommen hatte. Es scheint, daß sie es mit diesem Fall irgendwie eilig haben. Mit angeklagt sind Lída Plachá und Mirek. Nichts hat ihm sein feiger Verrat genützt.

Beim Untersuchungsrichter ging es korrekt und kalt zu, beinahe frostig. Bei der Gestapo war das noch ein Stück Leben, schrecklich, aber doch ein Stück Leben. Es war Leidenschaft drin, die Leidenschaft der Kämpfer auf der einen Seite und die Leidenschaft der Jäger, der Raubtiere oder sogar gewöhnlicher Räuber auf der anderen Seite. Einige von dieser anderen Seite hatten sogar so etwas wie eine Überzeugung. Hier, beim Untersuchungsrichter, war es nur mehr ein Amt. Große runde Abzeichen mit dem Hakenkreuz auf den Aufschlägen demonstrierten eine Überzeugung, die innerlich fehlt. Sie sind das Aushängeschild, hinter dem sich eine erbärmliche Beamtenseele versteckt, um sich diese Zeit hindurch irgendwie über Wasser zu halten. Den Angeklagten gegenüber ist er weder schlecht noch gut. Er lacht nicht, er runzelt auch nicht die Stirn. Er amtiert. Kein Blut, bloß ein dünnes Süppchen.

Protokolliert, unterschrieben und auf Paragraphen aufgeteilt. Es sind rund sechsmal Hochverrat, Anschläge gegen das Reich, Vorbereitung eines bewaffneten Aufstandes und was weiß ich nicht noch alles drin. Jedes einzelne davon genügte ohnehin schon.

Dreizehn Monate habe ich hier um das Leben anderer und um mein eigenes Leben gerungen. Mit Mut und auch mit List. Sie wikkelten ihr Programm mit »nordischer List« ab. Ich glaube, daß ich mich darin auch ausgekannt habe. Ich verliere nur deshalb, weil sie außerdem noch das Henkerbeil in der Hand haben.

<u>Dieser</u> Kampf ist nun also zu Ende. Jetzt kommt nur das Warten. Zwei, drei Wochen, bis die Anklage ausgearbeitet ist, dann die Fahrt ins Reich, das Warten auf die Verhandlung, das Urteil und schließlich 100 Tage Warten auf die Hinrichtung. Das ist die Perspektive. Vielleicht also noch vier, vielleicht fünf Monate. Während dieser Zeit kann sich vieles ändern. Während dieser Zeit kann sich alles ändern. Möglich. Von hier aus kann ich es nicht beurteilen. Ein schnellerer

Gang der Ereignisse draußen kann aber auch unser Ende beschleunigen. Und so gleicht sich's aus.

Es ist dies ein Wettlauf zwischen der Hoffnung und dem Krieg. Ein Wettlauf des Todes mit dem Tode. Was kommt früher: der Tod des Faschismus oder mein Tod? Ist das nur meine Frage? Ach nein, so fragen Zehntausende Häftlinge, so fragen Millionen von Soldaten, so fragen Dutzende Millionen von Menschen in ganz Europa und in der ganzen Welt. Der eine hat mehr, der andere weniger Aussicht. Aber das scheint nur so. Die Schrecken, mit denen der verfallende Kapitalismus die ganze Welt überzogen hat, bedrohen jeden aufs äußerste. Hunderttausende Menschen – und was für Menschen! – werden noch fallen, bevor sich die Überlebenden sagen können: Ich habe den Faschismus überlebt.

Nur noch Monate bleiben bis zur Entscheidung, und in kurzem werden es nur noch Tage sein. Aber gerade die werden die grausamsten sein. Immer habe ich gedacht, wie traurig es ist, der letzte Soldat zu sein, den in der letzten Sekunde des Krieges die letzte Kugel ins Herz trifft. Aber einer muß dieser letzte sein. Wenn ich wüßte, daß ich es sein könnte, möchte ich auf der Stelle sterben.

Die kurze Zeit, die ich noch im Pankrác bleibe, erlaubt mir nicht mehr, dieser Reportage die Form zu geben, die sie haben müßte. Ich muß mich kürzer fassen. Sie wird mehr ein Zeugnis über Menschen als über die ganze Zeit. Das ist, glaube ich, das Wichtigste.

Ich habe diese Gestalten mit dem Ehepaar Jelínek begonnen, mit einfachen Menschen, in denen man unter normalen Verhältnissen keine Helden gesehen hätte. Im Moment der Verhaftung standen sie nebeneinander mit den Händen über dem Kopf, er blaß, sie mit tuberkulösen Flecken auf den Wangen. Sie hatte etwas erschrockene Augen, als sie sah, wie die Gestapo ihre musterhafte Ordnung in fünf Minuten in ein Chaos verwandelte. Dann drehte sie langsam den Kopf zu ihrem Mann und fragte.

»Pepa, was wird jetzt geschehen?«

Er war immer einsilbig, immer suchte er nach Worten, das Sprechen fiel ihm schwer. Jetzt antwortete er ruhig und mühelos:

»Wir gehen sterben, Máňa.«

Sie schrie nicht auf, taumelte nicht, sie senkte nur mit einer schönen Bewegung die Hand und reichte sie ihm vor den Mündungen der ständig auf sie gerichteten Pistolen. Damit verdiente sie ihm und sich den ersten Schlag ins Gesicht. Sie wischte sich das Gesicht ab, schaute ein wenig erstaunt auf die Eindringlinge und sagte fast amüsiert:

»So hübsche Burschen«, sagte sie und hob die Stimme, »so hübsche Burschen ... und ... solche Rohlinge.«

Sie hatte sie richtig eingeschätzt. Einige Stunden später führte man sie fast bewußtlos geschlagen aus der Kanzlei des »verhörenden« Kommissars. Aber sie hatten nichts aus ihr herausbekommen. Weder damals noch irgendwann später.

Ich weiß nicht, was alles mit ihnen in der Zeit geschah, als ich vernehmungsunfähig in der Zelle lag. Aber ich weiß, daß sie während dieser ganzen Zeit nichts sagten. Sie warteten auf mich. Wie oft noch wurde Pepa danach auf den Bock gebunden und wie oft noch geschlagen und geschlagen und geschlagen, aber er sprach nicht, bevor ich ihm sagen oder wenigstens mit Gebärden andeuten konnte, was er sagen kann oder wie er aussagen soll, damit wir die Untersuchung fehlleiten.

Máňa war empfindlich, beinahe wehleidig. So hatte ich sie vor der Verhaftung gekannt. Während der ganzen Zeit bei der Gestapo sah ich aber keine noch so kleine Träne in ihren Augen. Sie liebte ihre Wohnung. Als ihr aber die Genossen von draußen, um ihr eine Freude zu machen, sagen ließen, daß sie wissen, wer ihre Einrichtung gestohlen hat, und daß sie darauf achtgeben, antwortete sie:

»Hol der Teufel die Einrichtung. Damit sollen sie sich nicht aufhalten. Sie haben wichtigere Dinge zu tun und müssen jetzt auch für uns arbeiten. Zuerst muß gründlich aufgeräumt werden, und wenn ich überlebe, werde ich zu Hause schon selber aufräumen.«

Eines Tages führten sie beide fort. Jeden anderswohin. Vergeblich forschte ich nach ihrem Schicksal. Denn bei der Gestapo verschwinden Menschen spurlos, ausgesät über Tausende verschiedene Friedhöfe. Ach, was für eine Ernte wird aus dieser furchtbaren Saat aufgehen?

Ihr letzter Wunsch war:

»Herr Chef, richten Sie draußen aus, es soll mich niemand bedauern, und es soll sich dadurch niemand einschüchtern lassen. Ich habe getan, was mir meine Arbeiterpflicht befohlen hat, und demgemäß sterbe ich auch.«

Sie war »nur eine Hausgehilfin«. Sie hatte keine klassische Bildung genossen und wußte nicht, daß schon irgendwann einmal gesagt worden war:

»Wanderer, kommst du nach Sparta, verkünde dorten, du habest uns hier liegen gesehn, wie das Gesetz es befahl.«

Die Visušils

Sie wohnten im selben Hause, gleich neben den Jelíneks. Auch Josef und Marie. Eine niedere Beamtenfamilie, etwas älter als die Nachbarn. Er war ein siebzehnjähriger baumlanger Bursche aus Nusle,[13] als sie ihn zum Militär holten und in den ersten Weltkrieg schickten. Schon nach einigen Wochen brachten sie ihn mit einem zerschmetterten Knie zurück, das nie verheilte. Josef und Marie lernten sich in einem Brünner Lazarett kennen, wo sie Pflegerin war. Sie war acht Jahre älter, wegen einer unglücklich verlaufenen Ehe geschieden worden, und als der Krieg vorbei war, heiratete sie Pepík. Etwas Umsorgendes und Mütterliches verblieb für immer in ihrem Verhältnis zu ihm. Sie stammten aus keiner proletarischen Familie und stellten auch keine proletarische Familie dar. Ihr Weg zur Partei war in einem gewissen Sinne komplizierter und schwieriger – aber sie fanden ihn. Er führte – wie in vielen solchen Fällen – über die Sowjetunion. Lange schon vor der Okkupation wußten sie, was sie wollten. Sie hielten in ihrer Wohnung deutsche Genossen verborgen.

In der schwersten Zeit, nach dem Überfall auf die Sowjetunion und während des ersten Standrechts 1941, trafen sich Mitglieder des Zentralkomitees bei ihnen. Bei ihnen schlief des öfteren Honza Zika, desgleichen auch Honza Černý und am häufigsten ich. Hier wurde gewöhnlich das »Rudé právo« geschrieben, hier wurde gar manche Entscheidung gefällt, hier machte ich die erste Bekanntschaft mit »Karel« Černý.

Sie waren ängstlich und vorsichtig bis zur Pedanterie und wußten sich immer Rat, wenn irgendeine unerwartete Situation eintrat, deren es in der Illegalität viele gibt. Sie waren auf diesem Gebiet erfahren. Im übrigen wäre niemand auch nur auf den bloßen Gedanken gekommen, daß dieser gutmütige, langaufgeschossene kleine Beamte »von der Bahn« und dieses »Frauchen« Vysušilová in etwas Unerlaubtes verwickelt sein könnten.

Und doch wurde er kurz nach mir verhaftet, und ich war entsetzt, als ich ihn da zum erstenmal sah. Was alles gefährdet wäre, wenn er spräche! Aber er schwieg. Einige Flugblätter, die er einem Kameraden zu lesen gab, hatten ihn hergebracht – und bei den Flugblättern blieb es auch.

Einige Monate später, als durch einen schweren Disziplinbruch Pokornýs *und der Pixová* verraten wurde, daß Honza Černý bei der Schwester der Frau Vysušilová wohnte, »verhörten« sie Pepík zwei Tage hindurch auf ihre Art, um aus ihm die Spur zum letzten Mohikaner unseres ZK herauszubekommen. Am dritten Tag kam er in die »Vierhundert« und setzte sich vorsichtig, denn auf frischen Wunden sitzt es sich verteufelt schwer. Ich sah ihn besorgt an, mit einer Frage und einer Ermunterung. Er antwortete fröhlich im Nusler Lapidarstil: »Wenn der Kopf nicht will, dann sprechen weder Maul noch Arsch.«

Ich kannte diese liebenswerte Familie gut, wußte um ihr inniges Verhältnis zueinander, wie sie umeinander bangten, wenn sie nur für einen oder zwei Tage voneinander getrennt waren. Jetzt verstrichen Monate – wie traurig war wohl in der freundlichen Wohnung in

Michle[14] der Frau zumute, allein in den Jahren, in denen Einsamkeit dreimal schwerer ist als der Tod. Wieviel Träume sie wohl gesponnen haben mag, wie sie ihrem Mann helfen und die kleine Idylle wiederbringen könnte, in der sie sich – ein wenig lächerlich anmutend – Mutterl und Vaterl nannten! Und sie fand wiederum nur einen einzigen Weg: die Arbeit fortzusetzen, für sich und für ihn zu arbeiten.

So saß sie noch in der Neujahrsnacht 1943 allein am Tisch mit seiner Photographie auf dem Platz, wo er zu sitzen pflegte, und als es Mitternacht schlug, stieß sie mit seinem Glas auf seine Gesundheit an, daß er zurückkehren, daß er die Freiheit erleben möge.

Einen Monat später war auch sie verhaftet. Gar mancher von der »Vierhundert« erzitterte. Denn sie war eine von jenen, die von draußen her die Verbindung mit uns aufrechterhalten hatten.

Sie sagte kein Wort.

Man quälte sie nicht mit Schlägen, sie war schwer krank und wäre ihnen unter den Händen gestorben. Man setzte ihr viel ärger zu: mit Vorstellungen.

Einige Tage vor ihrer Verhaftung war ihr Mann zur Zwangsarbeit nach Polen verschleppt worden. Jetzt sagten sie zu ihr:

»Schauen Sie, dort ist's ein schweres Leben. Auch für Gesunde. Und Ihr Mann ist ein Krüppel. Er wird es nicht aushalten. Er wird dort irgendwo umkommen, Sie werden ihn nie wiedersehen. Und wen werden Sie sich dann suchen, Sie, in Ihren Jahren! Aber seien Sie vernünftig, sagen Sie uns, was Sie wissen, und wir bringen ihn sofort zurück.«

... Er kommt dort irgendwo um. Mein Pepík! Der Arme! Und wer weiß, was für eines Todes! Die Schwester haben sie mir umgebracht, den Mann bringen sie mir um, ich bleibe allein, ganz allein, wen könnte ich mir noch suchen, ja, in meinen Jahren ... Allein, verlassen bis zum Tode ... Und ich könnte ihn retten, sie würden ihn mir zurückbringen ... ja, aber um diesen Preis? Das wäre schon nicht mehr ich, das wäre schon nicht mehr mein Vaterl ...

Sie sagte kein Wort.

Sie verschwand irgendwo in einem der namenlosen Transporte der Gestapo. Kurz darauf kam die Nachricht, daß Pepík in Polen gestorben war.

Lída

Das erstemal kam ich zu den Baxas an einem Abend. Nur Jožka war zu Hause und ein zartes Geschöpf mit lebhaften Augen, das sie Lída nannten. Es war eher noch ein Kind, das neugierig auf meinen Vollbart starrte und zufrieden war, daß da eine neue Sehenswürdigkeit in die Wohnung kam, mit der man sich vielleicht eine Weile unterhalten konnte.

Wir freundeten uns rasch an. Es stellte sich heraus, daß dieses Kind erstaunlicherweise bald neunzehn Jahre alt wurde, es war Jožkas Stiefschwester und hieß Plachá, die Scheue, obwohl sie diese Eigenschaft kaum besaß, sie spielte in einem Laientheater mit, das sie über alles liebte.

Ich wurde ihr Vertrauter, woraus ich erkannte, daß ich doch wohl schon ein älterer Herr war; sie beichtete mir ihre jugendlichen Kümmernisse und Träume, und bei Differenzen mit der Schwester oder deren Mann nahm sie zu mir als zu einem Schiedsrichter Zuflucht. Denn sie war ein Hitzkopf, wie junge Mädchen zu sein pflegen, und verzärtelt, wie Spätkinder es oft sind.

Sie begleitete mich, als ich nach einem halben Jahr zum erstenmal außer Haus ging, um Luft zu schnappen. Der ältere, hinkende Herr war weniger auffällig, wenn er mit seinem Töchterchen ging, als wenn er allein gegangen wäre. Jeder schaute eher auf sie als auf ihn. Deshalb ging sie mit mir auch beim zweiten Spaziergang, deshalb ging sie mit mir auch zur ersten illegalen Zusammenkunft, deshalb ging sie auch zur ersten illegalen Versammlung mit. Und so – wie jetzt die Anklage lautet – entwickelte es sich von selbst: sie wurde meine Verbindung.

Sie tat es gern. Sie kümmerte sich nicht allzusehr darum, was es bedeutete und wozu dies gut war. Es war etwas Neues, Interessantes, etwas, was nicht jeder tat und was dadurch den Beigeschmack des Abenteuerlichen hatte. Das genügte ihr.

Solange es nur kleine Aufträge waren, wollte ich ihr gar nicht mehr sagen. Unkenntnis war für sie im Falle einer Verhaftung ein besserer Schutz als das Bewußtsein einer »Schuld«.

Aber Lída arbeitete sich ein. Lída konnte auch mehr als auf einen Sprung zu den Jelíneks gehen und irgendeine kleine Botschaft überbringen. Jetzt aber mußte sie schon wissen, worum es geht. Ich begann. Es war eine Schule, eine ganz reguläre Schule. Und Lída lernte fleißig und gern. Äußerlich war sie ständig dasselbe Mädchen, lustig, leichtsinnig und ein bißchen lausbübisch, aber innerlich war sie schon eine andere. Sie dachte – und wuchs.

Bei dieser Tätigkeit wurde sie mit *Klecan* bekannt. Er hatte schon ein Stück Arbeit hinter sich und konnte davon gut reden. Er imponierte ihr. Vielleicht hat sie seinen wahren Kern nicht erkannt, aber in diesem Fall erkannte ich ihn nicht einmal. Wichtig war, daß er ihr durch seine Arbeit, durch seine zur Schau getragene Überzeugung innerlich bereits näher war als andere Burschen.

Es wuchs in ihr schnell und faßte Wurzeln.

Anfang des Jahres zweiundvierzig begann sie sich schüchtern um die Parteimitgliedschaft zu bewerben. Nie vorher hatte ich sie so verlegen gesehen. Nichts vorher hatte sie so ernst genommen. Ich zögerte noch. Noch immer unterwies ich sie, noch immer stellte ich sie vor die verschiedensten Bewährungsproben.

Im Februar 1942 wurde sie direkt durch das Zentralkomitee als Parteimitglied aufgenommen. In einer tiefen Frostnacht gingen wir nach Hause. Sonst gesprächig, schwieg sie heute. Erst in den Feldern unweit vom Hause blieb sie plötzlich stehen, und leise, ganz leise, daß man dabei jedes fallende Schneekristall hören konnte, sagte sie:

»Ich weiß, daß das der wichtigste Tag in meinem Leben war. Jetzt gehöre ich nicht mehr mir. Ich verspreche euch, daß ich keine Enttäuschung sein werde. Was immer auch geschehen mag.«

Es ist viel geschehen. Und sie war keine Enttäuschung.

Sie erhielt die vertraulichsten Verbindungen zur Leitung aufrecht. Sie bekam die gefährlichsten Aufgaben: verlorene Verbindungen von neuem anzuknüpfen und bedrohte zu retten. Wenn eine Verbindung mit der Leitung unterbrochen oder ein Treffpunkt gefährdet war, ging Lída hin und rutschte durch wie ein Aal. Sie machte es wie früher: selbstverständlich und mit fröhlicher Sorglosigkeit, unter der sich aber ein schon stark ausgeprägtes Verantwortungsgefühl verbarg.

Sie wurde einen Monat nach uns verhaftet. *Klecan* hatte durch seine Reden auf sie aufmerksam gemacht, und dann war es nicht mehr schwer, festzustellen, daß sie ihrer Schwester und dem Schwager zur Flucht und in die Illegalität verholfen hatte. Sie warf den Kopf zurück und spielte mit Temperament die Rolle des leichtsinnigen Mädchens, das keine Ahnung hat, daß es etwas Unerlaubtes getan hatte und daß das ernste Folgen für sie haben konnte.

Sie wußte viel, aber sie sagte nichts. Aber die Hauptsache war: Sie hörte nicht auf zu arbeiten. Die Bedingungen hatten sich geändert, die Arbeitsmethoden hatten sich geändert, auch die Aufgaben hatten sich geändert. Aber nicht geändert hatte sich für sie die Verpflichtung als Parteimitglied, nirgendwo die Hände in den Schoß zu legen. Sie erfüllte weiterhin alle Aufträge ergeben, schnell und genau. War es notwendig, irgendwie aus einer verwickelten Situation herauszukommen, um einen Menschen draußen zu retten, so nahm Lída mit einem unschuldigen Gesichtsausdruck jemandes »Schuld« auf sich. Sie wurde Kalfaktorin im Pankrác, und Dutzende ganz unbekannter Menschen verdanken es ihrem Einsatz, daß sie nicht verhaftet wurden. Erst ein Kassiber,[15] fast nach einem Jahr aufgefangen, machte ihrer »Karriere« ein Ende.

Jetzt fährt sie mit uns zum Prozeß ins Reich. Sie ist die einzige aus unserer ganzen Gruppe, die begründete Hoffnung hat, die Freiheit zu erleben. Sie ist jung. Sollten wir nicht mehr dasein, laßt nicht zu, daß sie unserer Sache verlorengeht! Sie muß viel lernen. Unterrichtet sie, erlaubt nicht, daß sie verkümmert! Und führt sie. Laßt nicht zu, daß sie stolz wird oder für immer zufrieden mit dem, was sie vollbracht hat. Sie hat sich in der schwersten Zeit bewährt. Sie ist durchs Feuer gegangen. Und es hat sich gezeigt, daß sie aus gutem Metall ist.

Mein Kommissar

Der gehört nicht mehr zu den Gestalten. Aber eine interessante Figur ist er und um eine Idee großzügiger als die übrigen. Wenn man vor zehn Jahren im Café »Flora« auf den Weinbergen[16] mit einem Geldstück klopfen oder »Herr Ober, zahlen!« rufen wollte, tauchte neben einem plötzlich ein großer, hagerer Mann in Schwarz auf, der sich rasch und lautlos wie eine Eidechse zwischen den Stühlen hindurchwand und einem die Rechnung vorlegte. Er hatte die schnellen und leisen Bewegungen eines Raubtieres und scharfe Raubtieraugen, die überallhin sahen. Man brauchte gar keinen Wunsch auszusprechen. Er selbst gab den Kellnern Hinweise, wie: »Tisch drei, einen großen Weißen ohne«, »Linkes Fenster, einen Imbiß und eine ›Lidové noviny‹[17].« Er war ein guter Ober für die Gäste und ein guter Kollege für das übrige Personal.

Aber damals kannte ich ihn noch nicht. Ich lernte ihn erst viel später kennen, bei den Jelíneks, als er statt eines Bleistiftes eine Pistole in der Hand hielt und auf mich zeigte:

»... und dieser da interessiert mich am meisten.«

Ehrlich gesagt, wir interessierten uns dann beide füreinander. Er besaß natürliche Intelligenz und hatte den übrigen etwas voraus: Er war Menschenkenner. Bei der Kriminalpolizei hätte er daher zweifellos Erfolg gehabt. Kleine Diebe oder Mörder, deklassiert und isoliert, hätten wahrscheinlich nicht gezögert, ihm ihre Seele zu öffnen, weil sie nichts anderes im Auge haben, als ihre Haut zu retten. Aber solche kleinmütigen Gesellen bekommt die politische Polizei nur selten in die Hände. Hier mißt sich die Polizeischläue nicht nur mit der Schlauheit des Erwischten. Sie mißt sich mit einer weit größeren

Kraft: mit seiner Überzeugung, mit der Weisheit des Kollektivs, zu dem er gehört. Und dazu genügen weder Schläue noch Schläge.

Bei »meinem Kommissar« eine eigene, feste Überzeugung zu erwarten wäre verfehlt gewesen. Genauso war es bei den anderen. Und besaß vielleicht einer von ihnen eine Überzeugung, dann war sie mit Dummheit gepaart, nicht mit Klugheit, mangelte es sogar an der Kenntnis der Idee, ganz zu schweigen von Menschenkenntnis. Wenn sie insgesamt doch zum Zuge kamen, so deshalb, weil der Kampf zu lange und auf einem zu kleinen Raum geführt wurde, unter unendlich schwereren Bedingungen, als sie irgendwann eine Illegalität aufwies. Die russischen Bolschewiki sagten, daß der ein guter Kämpfer sei, der es zwei Jahre in der Illegalität aushielt. Aber wenn ihnen in Moskau der Boden unter den Füßen zu heiß wurde, konnten sie noch nach Petersburg verschwinden und von Petersburg nach Odessa, in Millionenstädten untertauchen, wo sie niemand kannte. Hier gibt es nur Prag, Prag und nochmals Prag, wo dich die Hälfte der Menschen kennt und wo sich eine ganze Meute von Provokateuren konzentrieren kann. Und doch haben wir es Jahre hindurch ausgehalten, und doch gibt es Genossen, die schon das fünfte Jahr von der Gestapo unentdeckt in der Illegalität leben. Das ist möglich, weil wir viel gelernt haben. Aber das ist auch deshalb möglich, weil der Feind wohl mächtig und grausam ist, aber nicht viel mehr kann als zerstören.

Es gibt drei Mitarbeiter in der Abteilung II-A 1, die den Ruf der härtesten Unterdrücker des Kommunismus und das schwarzweißrote Band für Tapferkeit im Kriege gegen den inneren Feind haben: Friedrich, Zander und »mein Kommissar« Josef Böhm. Von Hitlers Nationalsozialismus sprechen sie wenig. Soviel, wie sie selbst wissen. Sie kämpfen nicht für eine politische Idee. Sie kämpfen für sich selbst. Jeder auf seine Art.

Zander – ein winziges cholerisches Männlein, weiß vielleicht am meisten von Polizeimethoden, aber noch mehr vom Geldgeschäft. Für einige Monate wurde er von Prag nach Berlin versetzt, aber er bettelte sich die Rückkehr aus. Der Dienst in der Reichshauptstadt war für ihn eine Degradierung – und ein finanzieller Verlust. Ein Kolonialbeamter im dunklen Afrika oder in Prag ist ein mächtigerer Herr und hat mehr Gelegenheit, in die Banken einzuzahlen. Er ist fleißig, verhört gern beim Mittagessen, um seinen Fleiß zu zeigen. Und er hat es nötig, ihn zu zeigen, damit man nicht sieht, daß er außerdienstlich noch fleißiger ist. Wehe dem, der in seine Hände gerät, aber doppelt wehe dem, der außerdem zu Hause ein Sparbuch oder Wertpapiere hat. Er muß in der kürzesten Zeit sterben, denn Sparbücher und Wertpapiere sind Zanders Leidenschaft. Man hält ihn für den fähigsten Beamten – in dieser Hinsicht. (Er unterscheidet sich darin von seinem tschechischen Helfer und Dolmetscher – Smola –, der ein Gentleman-Räuber ist: dieser trachtet nicht nach dem Leben, wenn er Geld bekommt.)

Friedrich – ein langer, hagerer, brünetter Typ mit einem bösen Blick und einem bösen Lächeln. Er kam schon etwa im Jahre 1937 als Gestapospitzel in die Republik, um die deutschen Genossen in der Emigration erledigen zu helfen. Denn seine Leidenschaft sind Tote. Er kennt keine Unschuldigen. Wer die Schwelle seiner Kanzlei überschreitet, ist schuldig.

Gern teilt er den Frauen mit, daß ihre Männer im Konzentrationslager gestorben sind oder hingerichtet wurden. Gern zieht er aus einem Schubfach sieben Urnen und zeigt sie den Inhaftierten:

»Diese sieben habe ich mit eigenen Händen erschlagen. Du wirst der achte sein.«

(Jetzt sind es schon acht, denn er hat Jan Žižka erschlagen.)

Gern blättert er in alten Protokollen herum und sagt sich, zufrieden über die Toten: »Erledigt! Erledigt!« Und gern quält er namentlich Frauen.

Seine Vorliebe für Luxus ist nur mehr ein neuer Beweggrund seiner polizeilichen Tätigkeit. Eine gut eingerichtete Wohnung oder ein Stoffladen beschleunigt ganz einfach den Tod, das ist alles.

Sein tschechischer Helfer – Negr – ist etwa einen halben Kopf kleiner, was seine Statur betrifft. Sonst gibt es zwischen ihnen keinen Unterschied.

Böhm – mein Kommissar – hat weder eine Leidenschaft für Geld noch für Tote, obwohl auf sein Konto nicht viel weniger kommen als bei den beiden Vorhergehenden. Er ist ein Abenteurer mit der Sucht, etwas darzustellen. Er hat auch schon lange für die Gestapo gearbeitet. Er war Kellner im Napoleonsalon bei den vertraulichen Besprechungen Berans – was Beran selbst Hitler nicht sagte, das ergänzte Böhm. Aber was war das gegen die Möglichkeit, Menschen zu jagen, Herr zu sein über Leben und Tod, über die Schicksale ganzer Familien zu entscheiden!

Zu seiner Befriedigung war es nicht nötig, daß es immer so traurig endete. Aber wenn man nicht anders von sich reden machen konnte, konnte es auch noch ärger sein. Denn was ist Schönheit, und was ist das Leben im Vergleich zu dem Ruhm eines Herostraten[18]?

Er baute das vielleicht ausgedehnteste Netz von Provokateuren aus. Ein Jäger mit einer großen Meute von Jagdhunden. Und er jagte. Oft nur aus Lust am Jagen. Verhöre – sie waren ihm zumeist nur mehr ein langweiliges Handwerk. Die Hauptsache war ihm das Verhaften. Und dann Menschen vor sich zu sehen, die auf seine Entscheidung warteten. Er verhaftete an die zweihundert Prager Straßenbahner, Fahrer und Schaffner von Autobussen und Trolleybussen, denen er auf den Linien nachfuhr; er brachte den Verkehr zum Erliegen und verursachte eine Panik im Verkehrswesen. Da war er glücklich. Und dann entließ er wieder hundertfünfzig von ihnen, zufrieden auch damit, daß man in mindestens hundertfünfzig Familien von ihm als von einem guten Menschen sprechen würde.

Er hatte regelmäßig solche weittragenden, aber unbedeutenden Fälle. Ich, den er durch Zufall aufgespürt hatte, war eine Ausnahme.

»Du bist mein größter Fall«, sagte er mir oft aufrichtig und war stolz, daß ich unter die größten Fälle überhaupt eingereiht wurde. Das verlängerte mir vielleicht auch das Leben. Wir belogen einander nach allen Regeln der Kunst, unaufhörlich, aber mit Takt. Ich wußte es immer, er nur manches Mal. Aber wenn die Lüge schon sonnenklar war, übergingen wir sie stillschweigend. Ich vermute, daß ihm nicht so sehr an der Aufdeckung der Wahrheit lag als vielmehr daran, daß auf »seinem großen Fall« kein Schatten blieb. Knüppel und Eisen hielt er nicht für die einzigen Mittel des Verhörs. Gern redete er eher zu oder drohte, je nachdem, wie er »seinen« Mann einschätzte. Mich mißhandelte er nie, außer vielleicht in der ersten Nacht. Aber wenn es sich ergab, lieh er mich dazu an andere aus.

Er war entschieden interessanter und komplizierter als alle übrigen. Er hatte eine reichere Phantasie und verstand es, sie zu nutzen. So fuhr er mit mir nach Braník.[19] Wir saßen dort späterhin häufig in einem Gartenrestaurant und beobachteten die vorbeiflutenden Menschen.

Er stellte dann Überlegungen über sie an und sagte zu mir:

»Wir haben dich verhaftet – und schau: Hat sich etwas geändert? Die Menschen gehen wie vorher auf und ab, sie lachen oder haben ihre Sorgen, wie sie sie vorher hatten, das Leben geht weiter, als ob es dich nie gegeben hätte. Und gewiß sind unter ihnen auch deine Leser – glaubst du, daß sie deinetwegen auch nur eine Falte mehr bekommen?«

Ein anderes Mal verfrachtete er mich nach einem ganztägigen Verhör ins Auto und fuhr mit mir durch das abendliche Prag zum Hradschin über die Nerudagasse.

»Ich weiß, daß du Prag liebst. Schau! Willst du denn nie mehr dahin zurückkehren? Wie schön es ist! Und es wird schön sein, auch wenn du nicht mehr sein wirst ... «

Er spielte gut die Rolle des Versuchers. Der Sommerabend atmete über Prag schon die Nähe des Herbstes, Prag war bläulich und beschlagen wie eine reifende Rebe und berauschend wie Wein, ich hätte schauen mögen bis ans Ende der Welt ... aber ich unterbrach ihn: »... und wird noch schöner sein, wenn ihr nicht mehr hier sein werdet.«

Er lachte kurz auf, nicht bösartig, eher traurig, und sagte:
»Du bist ein Zyniker.«

Er kam dann noch öfters auf diesen Abend zurück: »Wenn wir nicht mehr hier sein werden ... Du glaubst also noch immer nicht an unseren Sieg?«

Er fragte, weil er selbst nicht daran glaubte. Und er hörte aufmerksam zu, wenn ich ihm von der Kraft und Unbesiegbarkeit der Sowjetunion erzählte. Das war übrigens auch eines meiner letzten »Verhöre«.

»Mit jedem tschechischen Kommunisten«, sagte ich ihm, »erschlagt ihr auch ein Stück Hoffnung des deutschen Volkes. Allein der Kommunismus kann seine Zukunft retten.«

Er winkte ab: »Für uns gibt es keine Rettung, wenn wir besiegt werden sollten« und zog aus seiner Tasche eine Pistole – »siehst du, die letzten drei Kugeln hebe ich für mich auf.«

... Aber das charakterisiert nicht mehr nur eine traurige Figur. Das kennzeichnet eine Zeit, die über solche Figuren schon hinweggegangen ist.

(Hosenträger-Intermezzo)

Neben der Tür der gegenüberliegenden Zelle hängen Hosenträger. Ganz gewöhnliche Herrenhosenträger. Ein Instrument, das ich nie gern hatte. Aber jetzt blicke ich mit Freude darauf, wann immer unsere Zellentür geöffnet wird; ich erblicke darin ein Stückchen Hoffnung.

Wenn sie dich verhaften, schlagen sie dich vielleicht tot, aber vorher nehmen sie dir die Krawatte, den Gürtel oder die Hosenträger ab, damit du dich nicht aufhängen kannst (obwohl man sich an einem Bettlaken genausogut aufhängen kann). Diese gefährlichen Todeswerkzeuge liegen dann in der Kammer des Gefängnisses, bis irgendeine unbekannte Instanz bei der Gestapo entscheidet, daß du anderswohin geschickt werden sollst: auf Arbeit, ins Konzentrationslager oder zur Hinrichtung. Dann rufen sie dich, überreichen sie dir mit amtlicher Würde, aber in die Zelle darfst du sie nicht mitnehmen. Du mußt sie draußen neben die Tür oder auf das Geländer davor hängen, und dort hängen sie bis zur Abfahrt deines Transportes als sichtbares Zeichen, daß einer der Insassen dieser Zelle zum unfreiwilligen Wandern vorbereitet ist.

Die Hosenträger gegenüber tauchten gerade an dem Tag auf, an dem ich von dem Gusti bestimmten Schicksal erfuhr. Ein Kamerad von gegenüber fährt auch auf Arbeit, mit demselben Transport wie sie. Der Transport ist noch nicht weg. Er wurde plötzlich verschoben, weil sein Ziel angeblich bei einem Bombardement zerstört worden war. (Eine weitere schöne Aussicht.) Wann er abfahren wird, weiß niemand. Vielleicht abends, vielleicht morgen, vielleicht in einer Woche oder in vierzehn Tagen. Die Hosenträger gegenüber hängen immer noch. Und ich weiß: Solange ich sie sehe, ist Gusti noch in Prag. Deshalb schaue ich auf sie mit Freude und mit Liebe wie auf jemand, der ihr hilft. Sie gewinnt einen Tag, zwei, drei ... wer weiß, wozu das gut ist. Vielleicht kann gerade dieser Tag sie retten.

In diesem Zustand leben wir hier alle. Heute, vor einem Monat, vor einem Jahr, immer nur dem Morgen zugewandt, in dem die Hoffnung liegt. Dein Schicksal ist besiegelt, übermorgen wirst du erschossen – ach, was aber kann morgen geschehen! Nur noch den morgigen Tag erleben, morgen kann sich alles ändern, es ist doch alles so labil, ja, wer weiß, was schon morgen geschehen kann. Und die Morgen vergehen, Tausende fallen, für Tausende gibt es keinen nächsten Tag mehr, aber die Lebenden leben weiter mit unveränderlicher Hoffnung: morgen, wer weiß, was schon morgen geschieht!

Es entstehen daraus die närrischsten Gerüchte, jede Woche taucht irgendein verlockender Termin des Kriegsendes auf, den alle aufgreifen und von Mund zu Mund weitergeben, jede Woche flüstert sich Pankrác irgendeine neue freudige Sensation zu, die man so gern glaubt. Du wehrst dich dagegen, du unterdrückst falsche Hoffnungen, weil sie den Charakter nicht stärken, sondern schwächen; denn Optimismus soll und darf nicht durch Lüge genährt werden, sondern durch die Wahrheit, durch Siegesgewißheit, die über jeden Zweifel erhaben ist – aber fest steht auch für dich eines:

Gerade ein einziger Tag kann entscheidend sein, und jeder Tag, den du gewinnst, kann dir vielleicht hinüberhelfen über die Grenze zwischen dem Leben, das du nicht aufgeben willst, und dem Tode, der dich bedroht.

So wenig Tage hat das menschliche Leben. Und da sehnst du dich noch danach, daß sie schnell, schneller, sehr schnell vergehen mögen. Die Zeit, die fliehende, unaufhaltbare, die dich ständig zur Ader läßt, ist hier dein Freund. Wie merkwürdig!

Das Morgen ist zum Gestern geworden. Das Übermorgen zum Heute. Und ist wieder vorübergegangen.

Die Hosenträger hängen immer noch neben der gegenüberliegenden Zellentür.

Sechstes Kapitel

Standrecht 1942

27. Mai 1943
Es war gerade vor einem Jahr.

Sie führten mich von einem Verhör hinunter ins »Kino«. Das war die tägliche Pilgerfahrt der »Vierhundert«: zu Mittag hinunter zum Essen, das vom Pankrác gebracht wird, und nachmittags wieder zurück in den vierten Stock. An diesem Tage aber kehrten wir nicht mehr nach oben zurück.

Man sitzt und ißt. Die Bänke sind voll von Häftlingen, mit Löffeln und Kauen beschäftigt. Es schaut beinahe menschlich aus. Wenn sich alle, die schon morgen tot sein werden, in diesem Augenblick in Skelette verwandelten, so würde das Geklapper der Löffel und Steingutgefäße mit einem Male im Rasseln der Gebeine und trockenen Klappern der Kiefer untergehen. Aber davon hat noch niemand eine Ahnung. Jeder versorgt mit Appetit seinen Körper, um noch Wochen, Monate und Jahre am Leben zu bleiben.

Fast hätte man sagen können: Schönwetter. Dann plötzlich ein heftiger Windstoß. Und wieder Stille. Nur an den Gesichtern der Aufseher konntest du vielleicht merken, daß etwas los war. Und dann schon deutlicher daran, daß sie uns aufriefen und zur Abfahrt nach dem Pankrác Aufstellung nehmen ließen. Zu Mittag! Das ist noch nicht dagewesen. Ein halber Tag ohne Verhör, wenn du schon erdrückt bist von Fragen, auf die du keine Antwort weißt – das ist wie ein Geschenk Gottes. So scheint es. Aber so ist es nicht.

Auf dem Gang begegnen wir General Eliáš. Er blickt unruhig um sich, bemerkt mich, und in dem Dickicht der Aufseher flüstert er:

»Standrecht.«

Den Häftlingen bleiben nur Bruchteile von Sekunden für wichtigste Mitteilungen. Auf die stumme Frage konnte er nicht mehr antworten.

Die Aufseher im Pankrác sind verwundert über unsere vorzeitige Rückkehr. Der mich in die Zelle führt, erweckt das meiste Vertrauen. Ich weiß noch nicht, wer er ist, aber ich sage ihm, was ich gehört habe. Er schüttelt den Kopf. Er weiß nichts. Vielleicht habe ich schlecht gehört. Ja, möglich. Das beruhigt.

Aber noch am Abend kommt er und schaut in die Zelle:

»Sie haben recht gehabt. Ein Attentat auf Heydrich. Schwer verwundet. In Prag ist Standrecht.«

Am nächsten Morgen müssen wir uns unten im Gang für den Weg zum Verhör in Reih und Glied stellen. Unter uns ist auch Genosse Viktor Synek, das letzte überlebende Mitglied des Zentralkomitees der Partei, verhaftet im Februar 1941. Der lange Schließer in SS-Uniform fuchtelt ihm vor den Augen mit einem weißen Papier herum, auf dem in fetten Lettern steht:

»Entlassungsbefehl.«

Er lacht derb:

»Na siehst du, Jude, hast also doch nicht umsonst gewartet. Entlassungsbefehl! Ab ... «

Und zeigt mit einem Finger auf die Kehle, wo Viktors Kopf wegfliegen wird. Otto Synek war der erste Hingerichtete während des Standrechts 1941. Viktor, sein Bruder, ist das erste Opfer des Standrechts 1942. Sie brachten ihn nach Mauthausen. Zum Abschuß, wie sie das vornehm nennen.

Der Weg vom Pankrác zum Petschek-Palais und zurück wird jetzt zum täglichen Golgatha für Tausende Häftlinge. Die SS, die in den Wagen die Aufsicht hat, »übt Rache für Heydrich«. Bevor das Häftlingsauto einen Kilometer zurückgelegt hat, fließt zehn Häftlingen das Blut aus dem zerschlagenen Mund oder den mit Revolverknäufen wund geschlagenen Köpfen. Es ist für die anderen günstig, wenn auch ich im Wagen fahre, denn mein bärtiges Kinn reizt die SS und verlockt sie zu sinnreichen Scherzen. Sich daran wie an einem

Handgriff im schwankenden Auto zu halten ist eine ihrer beliebtesten Unterhaltungen. Für mich ist es eine gute Vorbereitung auf die Verhöre, die der gesamten Situation entsprechend ausfallen und regelmäßig mit den Worten enden:

»Wenn du bis morgen nicht vernünftiger wirst, wirst du erschossen.«

Es ist nichts Erschreckendes mehr darin. Abend für Abend hörst du unten im Gang das Aufrufen von Namen. Fünfzig, hundert, zweihundert Menschen, die nach einer Weile, gefesselt wie Schlachtvieh, auf Lastautos geladen und nach Kobylisy[20] zur Massenhinrichtung gefahren werden. Ihre Schuld? Vor allem die, daß sie keine Schuld haben. Sie sind verhaftet worden, sie hängen mit keinem großen Fall zusammen, sie werden zu keiner Untersuchung gebraucht, also eignen sie sich für den Tod. Ein satirisches Gedichtchen, das ein Genosse neun anderen vorgelesen hatte, führte zu ihrer Verhaftung zwei Monate vor dem Attentat. Jetzt werden sie zur Hinrichtung geführt wegen – Billigung des Attentats. Vor einem halben Jahr wurde eine Frau unter dem Verdacht verhaftet, illegale Flugblätter verbreitet zu haben. Sie bekennt sich nicht dazu. Jetzt verhaften sie ihre Schwestern und ihre Brüder und die Männer ihrer Schwestern und die Frauen ihrer Brüder und richten sie alle hin, denn die Ausrottung ganzer Familien ist die Losung dieses Standrechts. Ein irrtümlich verhafteter Postangestellter steht unten an der Wand und wartet, bis er entlassen wird. Er hört seinen Namen und meldet sich. Er wird in eine Kolonne zum Tode Verurteilter eingereiht, abgeführt und erschossen, und erst am nächsten Tag wird festgestellt, daß es nur eine Namensgleichheit war, daß ein anderer gleichen Namens hingerichtet werden sollte. Sie erschießen also diesen auch noch, und alles ist in Ordnung. Genau die Personalien der Leute festzustellen, denen das Leben genommen wird – wer würde sich damit aufhalten!

Ist dies denn nicht überflüssig, wenn es darum geht, einem ganzen Volke das Leben zu nehmen?

Ich komme spätabends vom Verhör zurück. Unten an der Wand steht Vlad. Vančura mit einem kleinen Bündel seiner Sachen zu Füssen. Ich weiß gut, was das bedeutet. Auch er weiß es. Wir drücken uns die Hände. Ich sehe ihn noch von oben vom Gang, wie er dort steht, mit leicht geneigtem Kopf und mit dem Blick, der weit, weit übers ganze Leben gerichtet ist. Nach einer halben Stunde rufen sie seinen Namen auf ...

Einige Tage später an der gleichen Wand: Miloš Krásný, ein standhafter Soldat der Revolution, schon im Oktober vergangenen Jahres verhaftet, ungebrochen trotz Folter und Einzelhaft. Halb von der Wand abgewandt, erzählt er etwas ganz ruhig dem Aufseher, der hinter ihm steht. Er erblickt mich, lächelt, nickt mit dem Kopf zum Abschied und setzt fort:

»Das hilft euch gar nichts. Viele von uns werden noch fallen, aber geschlagen werdet ihr ... «

Dann wieder irgendein Mittag. Wir stehen unten im Petschek-Palais und warten aufs Mittagessen.

Sie bringen Eliáš. Er hat eine Zeitung unterm Arm und zeigt lächelnd darauf; er hat dort eben von seiner Verbindung mit denen gelesen, die das Attentat verübt haben.

»Gewäsch!« sagt er kurz und beginnt zu essen.

Am Abend, als er mit den übrigen nach dem Pankrác zurückkehrt, erzählt er noch lustig davon. Eine Stunde später holen sie ihn aus der Zelle und bringen ihn nach Kobylisy.

Die Haufen der Toten türmen sich. Sie zählen nicht mehr nach Dutzenden, nicht nach Hunderten, sondern nach Tausenden. Das frische Blut reizt die Nüstern der Bestien. Sie »amtieren« bis spät in die Nacht, sie »amtieren« auch am Sonntag. Jetzt tragen sie alle SS-Uniform, es ist ihr »Feiertag«, ihr Schlachtfest. Sie schicken Arbeiter in den Tod, Lehrer, Bauern, Schriftsteller, Beamte, sie schlachten Männer, Frauen und Kinder; sie rotten ganze Familien aus, sie brennen ganze Dörfer nieder. Der Tod durchs Blei geht durch das Land wie die Pest und ist nicht wählerisch.

Und der Mensch in diesem Grauen? Er lebt.

Es ist unglaublich. Aber er lebt, ißt, schläft, liebt, arbeitet und denkt auch an tausend Dinge, die mit dem Tod in keiner Weise zusammenhängen. Vielleicht sitzt ihm irgendwo im Nacken eine fürchterliche Last, aber er trägt sie, ohne den Kopf zu beugen, ohne unter ihr zusammenzubrechen.

Mitten im Standrecht fuhr mich mein Kommissar nach Braník. Ein schöner Juni duftete von Linden und späten Akazienblüten. Sonntagabend. Die Straße zur Endstation der Straßenbahn faßte kaum den überquellenden Strom der heimkehrenden Ausflügler. Sie waren laut, fröhlich, wohltuend müde, umfangen von Sonne und Wasser und von den Armen ihrer Geliebten – nur den Tod, nur den ständig umhergehenden und auch auf sie zielenden Tod konntest du auf ihren Gesichtern nicht sehen. Sie wimmelten, schäkernd und lieb wie Kaninchen. Wie Kaninchen! Greif unter sie und zieh eines für deinen Appetit heraus – so ziehen sie sich in einen Winkel zurück, aber einen Augenblick später wimmeln sie weiter mit ihren Sorgen, mit ihren Freuden, mit ihrer ganzen Lust am Leben.

Ich war plötzlich aus der eingemauerten Welt des Gefängnisses in diesen mitreißenden Strom versetzt, und seine süße Seligkeit hatte für mich anfangs einen bitteren Geschmack.

Zu Unrecht, zu Unrecht.

Das war Leben, was ich hier sah, und das, aus welchem ich kam, und doch überall dasselbe: Leben unter furchtbarem Druck, aber unbesiegbar, erschlagen in einem und doch hundertfach wachsend. Leben, das stärker ist als der Tod. Und das soll bitter sein?

Übrigens: Wir, wir in den Käfigen, die wir unmittelbar in diesem Grauen leben – waren wir aus anderem Holz?

Ich fuhr mitunter in einem Polizeiauto zum Verhör, in dem sich die Wache anständig benahm. Ich sah durch die Fenster auf die Straße, auf die Auslagen der Geschäfte, auf einen Blumenstand, auf die Fußgänger, auf die Frauen. Wenn ich neun Paar schöne Beine zähle, sagte ich mir einmal, werde ich heute noch nicht hingerichtet.

Und dann zählte ich, betrachtete und verglich, prüfte sorgfältig ihre Linien, erkannte an und verwarf mit leidenschaftlichem Interesse, nicht als ob mein Leben davon abhinge, sondern als ob es überhaupt nicht um mein Leben ginge.

Ich kam regelmäßig spät in die Zelle zurück. Vater Pešek war schon durch die Frage beunruhigt: Kommt er überhaupt noch zurück? Er umarmte mich, ich berichtete kurz, was es Neues gab, wer gestern in Kobylisy gefallen war – und dann aßen wir hungrig das abscheuliche Dörrgemüse, sangen fröhliche Lieder oder spielten verärgert das stumpfsinnige Würfelspiel, das uns ganz hinriß. Und das war gewöhnlich gerade in den Abendstunden, wo jeden Augenblick unsere Zellentür geöffnet werden und einem von uns die Todesbotschaft ertönen konnte:

»Du oder du, runter! Alles mitnehmen! Schnell!«

Sie haben uns damals nicht gerufen. Wir überlebten diese Zeit des Grauens. Wir erinnern uns heute daran mit Staunen über die eigenen Empfindungen. Wie wunderbar ist der Mensch eingerichtet, daß er auch das Unerträgliche ertragen kann!

Es ist allerdings undenkbar, daß diese Zeit nicht irgendwo in uns tiefe Spuren hinterlassen hat. Vielleicht liegt sie wie eine Filmaufnahme im Gehirn verborgen und würde sich eines Tages zu entwickeln beginnen, zum Wahnsinn entwickeln in einem normalen Leben, wenn wir es erlebten. Aber es ist auch möglich, daß wir sie nur als großen Friedhof, als grünen Garten sehen würden, in den ein sehr teurer Same gesät wurde.

Ein sehr teurer Same, der aufgehen wird.

Siebentes Kapitel

Gestalten und Figuren II

(Pankrác)

Das Gefängnis lebt zweierlei Leben. Das eine existiert abgeschlossen in den Zellen, streng isoliert von aller Welt und doch überall mit ihr durch engste Bande verbunden, wo es sich um politische Häftlinge handelt. Das zweite spielt sich vor den Zellen ab, in den langen Gängen, im düsteren Halbdunkel, eine Welt für sich, uniformiert und isolierter als die Zelleninsassen, eine Welt von vielen Figuren und wenig Gestalten. Von ihr will ich erzählen.

Sie hat ihre Naturgeschichte. Und sie hat auch ihre Geschichte. Wenn sie diese nicht hätte, hätte ich sie nicht näher kennenlernen können. Ich hätte nur die uns zugekehrte Kulisse gekannt, nur ihre scheinbar einheitliche und feste Oberfläche, die wie ein eisernes Gewicht auf den Zelleninsassen lag. So war es noch vor einem Jahr, auch noch vor einem halben Jahr. Jetzt ist die Oberfläche schon voll von Rissen, und Gesichter schauen durch sie hindurch: armselige, freundliche, besorgte, lächerliche, sehr verschiedene Gesichter, aber immer Gesichter von menschlichen Wesen. Die Last des Gefängnisregimes liegt auf jedem Mitglied dieser Dämmerwelt und bringt aus ihr alles zutage, was menschlich in ihm ist. Es ist manchmal sehr wenig, manchmal unmerklich mehr – die Quantität unterscheidet sie voneinander und bringt Typen hervor. Man findet hier allerdings auch einige ganze Kerle. Aber die haben nicht gewartet. Diese brauchten nicht erst einer Belastung ausgesetzt zu werden, um andern unter der Last zu helfen.

Das Gefängnis ist eine unerfreuliche Institution. Aber die Welt vor den Zellen ist trauriger als in den Zellen. In den Zellen lebt Freundschaft – und was für Freundschaft! Solch eine, wie sie an den Fronten geschlossen wird, in langer Gefahr, wo dein Leben heute in meinen Händen sein kann und meines morgen in deinen. Die deutschen Aufseher dieses Regimes verbindet aber sehr wenig Freundschaft. Und das kann auch nicht anders sein. Es umgibt sie eine Atmosphäre der Bespitzelung; einer verfolgt und verrät den anderen, es ist jeder selbst auf der Hut vor dem, den er offiziell »Kamerad« nennt; und die besten unter ihnen, die ohne Gefährten nicht sein wollen und können, suchen ihn – wiederum in den Zellen.

Lange haben wir ihre Namen nicht gekannt. Darauf kam es nicht an. Wir bezeichneten sie unter uns mit Spitznamen, die sie von uns oder schon von unseren Vorgängern erhalten hatten und die sich dann in den Zellen vererbten. Mancher hat so viele Spitznamen, wie es Zellen gibt; das ist der Durchschnittstyp, weder Fisch noch Fleisch; hier hat er mehr Essen ausgegeben, daneben hat er einem ins Gesicht geschlagen, es sind nur Sekunden des Verkehrs mit den Häftlingen, die sich aber für immer ins Gedächtnis der Zelleninsassen einprägen und eine einseitige Vorstellung und auch einen einseitigen Spitznamen entstehen lassen. Manchmal aber sind die Spitznamen in den Zellen gleich. Das ist bei jenen der Fall, deren Charakter ausgeprägter ist. So oder so. Im Guten oder im Bösen.

Sieh dir diese Typen an! Sieh dir diese Figuren an! Das ist ja nicht nur so etwas mir nichts, dir nichts Zusammengewürfeltes. Das ist ein Stück der politischen Armee des Nazismus. Ausgesuchte Leute. Säulen des Regimes, Stützen seiner Gesellschaft ...

Der »Samariter«

Groß, dick, mit einem Tenorstimmchen. »SS-Reservist« Rheus, Schuldiener aus Köln am Rhein. Wie alle deutschen Schuldiener hat er einen Kurs für Erste Hilfe absolviert und vertritt manchmal den Gefängnisfeldscher. Er war der erste, mit dem ich hier in Berührung kam. Er schleifte mich in die Zelle, legte mich auf den Strohsack, behandelte die Wunden und machte die ersten Umschläge. Vielleicht hat er wirklich geholfen, mein Leben zu retten. Was hat sich da gezeigt: der Mensch? Oder der Samariterkurs? Ich weiß es nicht.

Aber es war ganz sicher der Nazismus, der sich in ihm zeigte, als er verhafteten Juden die Zähne einschlug und sie zwang, löffelweise Salz oder Sand als Universalheilmittel gegen alle Beschwerden zu schlucken.

»Prášek«

Ein gutherziger, gesprächiger Kutscher aus der Budějovicer Bierbrauerei. Sein wirklicher Name ist Fabian. Er kommt in die Zelle mit breitem Lächeln, bringt Essen, mißhandelt nie. Man würde gar nicht glauben, daß er stundenlang hinter der Tür steht und horcht, was in der Zelle gesprochen wird, um mit jeder lächerlichen Kleinigkeit zum Vorgesetzten laufen zu können.

Koklar

Auch ein Brauereiarbeiter aus Budějovice. Es gibt hier mehrere solche deutschen Arbeiter aus den Sudeten. »Es kommt nicht darauf an, was der einzelne Arbeiter denkt oder tut« – schrieb einmal Marx –, »sondern darauf, was die Arbeiterschaft als Klasse tun muß, um ihre historische Aufgabe zu erfüllen.« Diese hier wissen wirklich nichts von der Aufgabe ihrer Klasse. Aus ihr herausgerissen, gegen sie gestellt, hängen sie weltanschaulich in der Luft und werden es wahrscheinlich auch buchstäblich tun.

Er ging zum Nazismus, um ein leichteres Leben zu haben. Es zeigte sich, daß dies komplizierter ist, als er es sich vorgestellt hatte. Seit der Zeit hat er das Lächeln verloren. Er hatte auf den Sieg des Nazismus gesetzt. Es erwies sich, daß er auf ein totes Pferd gesetzt hatte. Seit der Zeit hat er auch die Nerven verloren. Nachts, wenn er allein in leisen Pantoffeln durch die Gänge des Gefängnisses schlich, hinterließ er öfter unbewußt Spuren seiner düsteren Gedanken:

»Alles ist im Eimer«, schrieb er dort poetisch auf den verstaubten Fensterladen und dachte an Selbstmord.

Tagsüber jagt er Häftlinge und Aufseher und brüllt mit schriller, sich überschlagender Stimme, um nicht so sehr die Furcht zu empfinden.

Rössler

Lang, hager, mit einem groben Baß, einer der wenigen, die hier richtig lachen können. Ein Textilarbeiter aus der Gegend von Jablonec. Er kommt in die Zelle und diskutiert. Stundenlang.

»Wie ich dazu gekommen bin? Zehn Jahre habe ich nicht ordentlich gearbeitet. Und zwanzig Kronen wöchentlich für die ganze Familie – weißt du, was für ein Leben das ist? Und dann kommen welche und sagen: Wir geben dir Arbeit, komm mit uns. Ich gehe – und sie geben mir Arbeit. Mir und allen übrigen. Wir können essen. Wir können wohnen. Wir können leben. Sozialismus? Na gut, das ist es nicht. Ich hab es mir anders vorgestellt. Aber es ist besser, als es war ...

Es ist nicht besser? Krieg? Ich wollte keinen Krieg. Ich wollte nicht, daß andere sterben, ich wollte nur selbst leben ...

Daß ich dazu beitrage, ob ich wollte oder nicht? Und was soll ich jetzt machen? Habe ich jemandem was zuleide getan? Ich gehe weg, und es kommt ein anderer, vielleicht ein schlechterer. Helfe ich damit jemandem? Wenn der Krieg vorbei sein wird, gehe ich wieder zurück in die Fabrik ...

Wer, meinst du, wird gewinnen? Nicht wir? Ihr? Und was wird dann mit uns geschehen? ...

Schluß? Schade. Ich habe es mir anders vorgestellt« – und er geht aus der Zelle mit langem, wenig zackigem Schritt.

Eine halbe Stunde später kommt er wieder mit der Frage, wie es denn wirklich in dieser Sowjetunion aussehe.

»Es«

Eines Morgens warten wir unten im Hauptgang des Pankrác darauf, zum Verhör ins Petschek-Palais abtransportiert zu werden. So standen wir hier täglich, mit der Stirn dicht an der Wand, um nicht zu sehen, was hinter uns geschieht. An diesem Morgen aber ertönte hinter uns eine für mich neue Stimme:

»Ich will nichts sehen, ich will nichts hören! Ihr kennt mich nicht, ihr werdet mich noch kennenlernen!«

Ich lachte auf. In dieser Anwendung hier war das Zitat des armseligen Trottels Leutnant Dub aus dem Schwejk wirklich am Platz. Und niemand hatte bisher den Mut, diesen Witz hier so laut vorzutragen. Aber ein fühlbarer Stoß eines erfahrenen Nachbars machte mich darauf aufmerksam, daß ich mich vielleicht irre, daß das vielleicht gar nicht als Witz gemeint sei und ich nicht lachen soll. Und es war nicht als Witz gemeint.

Das, was hinter uns so geredet hatte, war ein unansehnliches Kreatürchen in SS-Uniform, das von Schwejk offensichtlich keine Ahnung hatte. Es sprach wie der Leutnant Dub, weil es ihm geistig verwandt war. Es hörte auf den Namen Withan und war als Vitan ein länger dienender Rottmeister der tschechoslowakischen Armee gewesen. Es hatte recht: wir lernten es dann wirklich gründlich kennen und sprachen von ihm nie anders als im sachlichen Geschlecht: »es«. Denn, ehrlich gesagt, unsere Erfindungsgabe war zu Ende, als sie einen entsprechenden Spitznamen finden sollte für diese makabre Mischung von Armseligkeit, Dummheit, Prahlsucht und Schlechtigkeit, die einer der Hauptpfeiler des Pankrácer Regimes war.

Er reicht einem Schwein bis an die Knie, sagt der Volksmund von diesen kleinen Strebern und Gernegroßen, um sie an der empfindlichsten Stelle zu treffen. Wie klein muß der Geist eines Menschen sein, wenn er unter seiner kleinen Gestalt leidet. Und Withan leidet darunter und rächt sich dafür an allem, was körperlich oder geistig größer ist: also an allem.

Nicht durch Schläge. Dazu hat er nicht genügend Mut. Aber durch Denunzieren. Wie viele Häftlinge haben mit ihrer Gesundheit für Withans Zuträgerei zu büßen gehabt, wie viele haben sie mit dem Leben bezahlt – denn es ist doch nicht gleichgültig, mit welchen

Anmerkungen du vom Pankrác in ein Konzentrationslager gehst und ob du überhaupt fortgehst.

Er ist maßlos lächerlich. Ist er allein im Gang, so segelt er würdig dahin und träumt von seiner großen Gewichtigkeit. Sobald er auf einen Menschen trifft, fühlt er die Notwendigkeit, irgendwo hinaufzuklettern. Wenn er dich verhört, setzt er sich aufs Geländer und verharrt in dieser unbequemen Stellung auch eine ganze Stunde, weil er dich dadurch um einen Kopf überragt. Wenn er beim Rasieren die Aufsicht hat, steigt er auf einen Tritt oder spaziert auf einer Bank umher und trägt seine tiefsinnigen Sentenzen vor:

»Ich will nichts sehen, ich will nichts hören! Ihr kennt mich nicht ... «

Während der Morgenrunde geht er auf jeden Fall auf dem Rasen, der ihn um zehn Zentimeter über die Umgebung erhebt. In die Zelle tritt er erhaben wie Seine Königliche Majestät und klettert dann schnell auf einen Stuhl, um die Revision von einer Erhöhung aus durchführen zu können.

Es ist maßlos lächerlich, aber – wie jeder Trottel in einem Amt, wo es um Menschenleben geht – auch maßlos gefährlich. Hinter seiner Beschränktheit ist ein Talent versteckt: das Talent, aus einer Mücke einen Elefanten zu machen. Er kennt nichts außer der Aufgabe eines Wachhundes, und deshalb ist jede noch so unbedeutende Abweichung von der vorgeschriebenen Ordnung für ihn etwas Großes, das der Bedeutung seiner Mission entspricht. Er konstruiert Übertretungen und Verbrechen gegen die Disziplinarordnung, um sich ruhig in dem Bewußtsein niederlegen zu können, daß er jemand ist. Und wer untersucht hier schon, wie groß der Tatsachengehalt in seinen Zuträgereien ist?

Smetonz

Eine mächtige Statur mit einem stumpfsinnigen Gesicht und ausdruckslosen Augen, wie eine belebte Grosz-Karikatur eines SA-Mannes. Er war Melker an der litauischen Grenze, aber merkwürdigerweise hat das schöne Rindvieh nichts von seinem Adel in ihm hinterlassen. Er wird oben für die Verkörperung der deutschen Tugenden gehalten: er ist schneidig, hart, unbestechlich (einer der wenigen, die von den Kalfaktoren kein Essen verlangen), aber ...

Irgendein deutscher Gelehrter, ich weiß nicht mehr welcher, errechnete einmal die Intelligenz der Lebewesen nach der Zahl der »Wörter«, die sie hervorbringen können. Und er stellte dabei fest, glaube ich, daß die geringste Intelligenz die Hauskatze hat, die nur 128 Wörter hervorbringt. Ach, welch eine Koryphäe gegenüber Smetonz, von dem der Pankrác nur vier Wörter gehört hat:

»Paß bloß auf, Mensch!«

Zwei- bis dreimal in der Woche ließ er sich im Dienst vertreten, zwei- bis dreimal in der Woche mühte er sich verzweifelt – und zum Schluß war es immer schlecht. Ich sah ihn, als ihm der Gefängnisdirektor vorhielt, daß die Fenster nicht geöffnet seien. Der Fleischkoloß trat eine Weile verlegen von einem seiner kurzen Beine auf das andere; der stumpfsinnig gebeugte Kopf sank noch tiefer herab, die Mundwinkel verzogen sich vor Anstrengung, um das zu wiederholen, was seine Ohren eben gehört hatten ... und plötzlich heulte diese ganze Fleischmasse auf wie eine Sirene; sie löste in allen Gängen Alarm aus, niemand begriff, worum es ging, die Fenster blieben weiterhin geschlossen, nur zwei Häftlingen, die Smetonz am nächsten waren, floß das Blut aus der Nase. Er hatte einen Ausweg gefunden.

Solch einen wie immer. Schlagen, auf Schritt und Tritt schlagen, schlagen und gegebenenfalls erschlagen – das hatte er begriffen. Das war aber auch das einzige. Er drang einmal in eine Gemeinschaftszelle ein und schlug einen der Häftlinge; der Häftling, ein kranker Mensch, fiel in Krämpfen zu Boden. Im Takt der Krämpfe mußten alle übrigen Häftlinge so lange Kniebeugen machen, bis der Kranke völlig erschöpft war – und Smetonz sah mit den Händen in den Hüften und mit schwachsinnigem Lächeln zufrieden zu, wie gut er diese verzwickte Situation gemeistert hatte.

Ein Primitiver, der sich von allem, was man ihn gelehrt hat, nur eines gemerkt hat: daß man schlagen kann.

Und doch ist auch in dieser Kreatur schon etwas zerbrochen. Es war etwa vor einem Monat. Sie saßen zu zweit – er und K. – im Aufnahmebüro des Gefängnisses, und K. sprach über die Lage. Es dauerte lange, sehr lange, bis Smetonz wenigstens annähernd begriff. Er stand auf, öffnete die Tür des Büros und sah sich vorsichtig im Gang um; überall Ruhe, Nacht, das Gefängnis schlief. Er schloß die Tür, verschloß sie hinter sich sorgfältig und sank langsam auf einen Stuhl:

»Du glaubst also...?«

Er stützte den Kopf in die Handflächen. Eine furchtbare Last legte sich auf das kleine Seelchen in dem mächtigen Körper. Lange verharrte er so. Dann hob er den Kopf und sagte verzweifelt:

»Du hast recht. Wir können nicht mehr gewinnen ... «

Schon einen Monat hat der Pankrác nicht mehr Smetonzens Kriegsgeschrei gehört. Und die neuen Häftlinge wissen nicht, was seine Hand bedeutet.

Der Gefängnisdirektor

Von kleinerer Statur, immer elegant, in Zivil wie in der Uniform eines Untersturmführers, wohlhabend, selbstzufrieden, ein Liebhaber von Hunden, Frauen und der Jagd – das ist die eine Seite, die uns nicht betrifft.

Die andere Seite – und so kennt ihn der Pankrác: grob, ungehobelt, ungebildet, ein typischer nazistischer Emporkömmling, bereit, jeden zu opfern, um sich zu halten. Soppa heißt er – wenn es überhaupt auf den Namen ankommt – und stammt aus Polen. Angeblich ist er gelernter Schmied, aber dieses ehrbare Handwerk hat in ihm keine Spuren hinterlassen. Es ist schon lange her, seit er in Hitlers Dienste getreten ist, und durch Liebedienerei hat er sich seine heutige Stellung erkauft. Er verteidigt sie mit allen Mitteln, ist gefühllos, rücksichtslos gegen jedermann, gegenüber den Häftlingen wie gegenüber den Beamten, den Kindern wie den Greisen. Es gibt keine Freundschaft unter den Pankrácer Angestellten des Nazismus, aber so vollkommen ohne auch nur den Schatten einer Freundschaft wie Soppa ist hier keiner. Der einzige, den er hier vielleicht schätzt und mit dem er öfters spricht, ist der Gefängnisfeldscher, Polizeimeister Weisner. Aber es scheint, daß auch das nicht einmal auf Gegenseitigkeit beruht.

Er kennt nur sich. Für sich hat er seine leitende Stellung erdient, und für sich bleibt er dem Regime bis zur letzten Minute treu. Er ist vielleicht der einzige, der nicht an irgendeine andere Rettung denkt. Er weiß, daß es sie nicht gibt. Der Sturz des Nazismus, das ist sein Sturz, das ist das Ende seines Wohllebens, das ist das Ende seiner Prachtwohnung, das ist das Ende seiner Eleganz (die übrigens keineswegs die Kleider hingerichteter Tschechen verschmäht).

Das ist das Ende. Jawohl.

Der Gefängnisfeldscher

Polizeimeister Weisner – das ist eine besondere Figur im Pankrácer Milieu. Manchmal kommt es dir so vor, als ob er überhaupt nicht hierhergehörte, und manchmal wieder kannst du dir den Pankrác ohne ihn gar nicht vorstellen. Wenn er nicht in der Krankenstube ist, streift er durch die Gänge mit kleinen, wiegenden Schritten, spricht zu sich selbst und beobachtet ständig, ständig. Wie ein Fremder, der nur für kurze Zeit hergekommen ist und von hier möglichst viele Eindrücke mit nach Hause nehmen möchte. Aber er bringt es fertig, so schnell und leise wie der gewandteste Aufseher den Schlüssel in ein Türschloß zu stecken und die Zelle zu öffnen. Er hat einen trockenen Humor, der es ihm erlaubt, Dinge durch die Blume zu sagen und dabei ganz unverbindlich, du kannst ihn nicht beim Wort nehmen. Er nähert sich den Menschen, aber er erlaubt niemandem, sich ihm zu nähern. Er ist kein Denunziant, er schwärzt niemanden an, obwohl er vieles sieht. Er betritt eine Zelle, die voller Tabakqualm ist. Er zieht geräuschvoll die Luft ein:

»Hm – no«, sagt er und schnalzt mit der Zunge, »in den Zellen ist das Rauchen«, und er schnalzt abermals, »streng verboten.«

Aber er erstattet keine Meldung. Er hat immer ein faltiges, unglückliches Gesicht, als ob ihn ein großer Kummer plage. Offensichtlich will er nichts mit dem Regime gemein haben, dem er dient und dessen Opfer er täglich pflegt. Er glaubt nicht an seine Dauerhaftigkeit und hat auch nie daran geglaubt. Deshalb hat er seine Familie nicht von Breslau nach Prag gebracht, obwohl sonst kaum ein Beamter aus dem Reich diese Gelegenheit, das besetzte Land kahlzufressen, versäumt hat. Aber er kann auch mit dem Volk, das gegen dieses Regime kämpft, nichts gemein haben; er ist nicht mit ihm verwachsen.

Er hat mich fleißig und ehrlich gepflegt. Er macht das meistens so und kann hartnäckig dagegen auftreten, daß Häftlinge, die zu sehr zermartert sind, zu Verhören transportiert werden. Vielleicht dient das zur Beruhigung seines Gewissens. Ein anderes Mal aber gewährt er wieder keine Hilfe, wo sie dringend nötig wäre. Vielleicht dann, wenn ihn Angst befällt.

Er ist der Typ des Spießbürgers. Isoliert, schwankt er zwischen der Angst vor dem, was über ihn herrscht, und vor dem, was kommt. Er sucht verzweifelt einen Ausweg. Und findet ihn nicht. Er ist keine Ratte, nur ein ganz kleines Mäuslein, in der Falle gefangen.

Hoffnungslos.

»Flink«

Das ist keine bloße Figur mehr. Aber noch keine ganze Gestalt. Er ist ein Mittelding. Es fehlt ihm das klare Bewußtsein, um eine Gestalt zu sein.

Eigentlich sind hier zwei solche. Einfache Menschen, empfindlich, anfangs wehleidig, sie erschaudern nur vor dem Grauen, das über sie gekommen ist, sie sehnen sich nur danach, sich daraus zu retten; sie sind unselbständig und suchen darum eine Stütze, eher instinktiv als durch Erkenntnis auf der richtigen Seite; sie helfen dir, weil sie von dir Hilfe erwarten. Es wäre nur gerecht, sie ihnen zu gewähren. Jetzt – und in Zukunft.

Diese zwei – als die einzigen von allen deutschen Beamten im Pankrác – waren auch an der Front:

Hanauer, ein Schneidergehilfe aus Znojmo, kam vor kurzem von der Ostfront mit Erfrierungen zurück, um die er sich selbst bemüht hatte. »Der Krieg ist nicht für Menschen«, philosophiert er ein bißchen nach Schwejkscher Manier, »dort habe ich nichts zu suchen.«

Höfer, ein lustiger Schuster von Bat'a, hat den Frankreich-Feldzug mitgemacht und ist dann aus dem Militärdienst ausgeschieden, obwohl ihm Beförderung zugesagt worden war. »Ach, Scheiße!« sagte er sich und winkte mit der Hand ab, wie er es vielleicht täglich seit jener Zeit bei allen Lappalien macht, deren es nicht wenige gibt.

Sie sind einander ähnlich, durch Schicksal und Temperament; aber Höfer ist furchtloser, ausgeprägter, gefestigter. »Flink« ist sein Spitzname fast in allen Zellen.

Wenn er Dienst hat, ist es ein Tag der Ruhe in den Zellen. Mach, was du willst. Wenn er brüllt, blinzelt er mit einem Auge, damit du weißt, daß das nicht dir gilt, daß nur unten der Vorgesetzte von seiner schneidigen Leistung überzeugt werden soll. Es ist dies übrigens vergebliche Mühe; er überzeugt niemanden mehr, und es vergeht keine Woche, in der er keinen Strafdienst hat.

»Ach, Scheiße!« winkt er mit der Hand ab und geht weiter. Er ist immer eher ein junges, leichtsinniges Schusterlein als ein Aufseher. Man kann ihn dabei antreffen, wie er mit den eingesperrten Burschen in der Zelle leidenschaftlich und freudig um Zwanzighellermünzen »Anmäuerln«[21] spielt. Ein anderes Mal wieder treibt er die Häftlinge aus einer Zelle in den Gang und macht »Revision«. Die Revision dauert lange. Wenn du neugierig bist, schaust du in die Zelle und siehst ihn am Tisch sitzen, den Kopf auf die Ellbogen gestützt. Er schläft, schläft mit Wonne und ruhig; er ist hier am besten vor seinen Vorgesetzten geschützt, denn die Häftlinge im Gang wachen und melden jede sich nähernde Gefahr. Und schlafen will er wenigstens im Dienst, wenn ihm schon in seiner Freizeit ein Mädchen, das er über alles gern hat, den Schlaf vertreibt.

Niederlage oder Sieg des Nazismus? – »Ach, Scheiße! Ist es denn möglich, daß sich dieser Zirkus hält?«

Er rechnet sich nicht dazu. Schon dadurch wäre er interessant. Aber noch mehr: Er will nicht dazugehören. Und gehört auch nicht dazu. Hast du einen Kassiber in eine andere Abteilung zu schmuggeln? »Flink« besorgt das. Hast du einen Kassiber nach draußen zu schmuggeln? »Flink« erledigt es. Hast du mit jemandem etwas zu besprechen, ihn in einem persönlichen Gespräch zu überzeugen, um so weitere Leute zu retten? »Flink« führt dich in dessen Zelle und paßt auf – so ein bißchen mit lausbübischer Freude über einen gelungenen Streich. Du mußt ihm oft zureden, vorsichtig zu sein. Mitten in der Gefahr, fühlt er sie kaum. Er wird sich nicht ganz der Tragweite des Guten bewußt, das er tut. Das erleichtert es ihm, noch mehr zu tun. Aber es hindert ihn am Wachsen.

Er ist noch keine Gestalt, aber der Übergang dazu vollzieht sich.

»Kolín«

Es war eines Abends zur Zeit des Standrechts. Der Aufseher in SS-Uniform, der mich in die Zelle ließ, durchsuchte meine Taschen nur so pro forma.

»Was ist mit Ihnen?« fragte er leise.

»Ich weiß nicht. Sie sagten mir, daß ich morgen erschossen werde.«

»Hat es Sie erschreckt?«

»Ich habe damit gerechnet.«

Eine Weile fuhr er mechanisch über die Aufschläge meines Jacketts.

»Möglich, daß sie es tun. Vielleicht nicht morgen, vielleicht später, vielleicht auch überhaupt nicht. Aber in diesen Zeiten ... ist es gut, gefaßt zu sein ...«

Und wieder schwieg er.

»Wenn vielleicht doch ... Möchten Sie jemandem etwas übermitteln lassen? Oder möchten Sie schreiben? Nicht für jetzt, verstehen

Sie, für die Zukunft, wie Sie hierhergekommen sind, ob Sie jemand verraten hat, wie sich die einzelnen verhalten haben ... damit mit Ihnen nicht verlorengeht, was Sie wissen ... «

Ob ich schreiben möchte? Als ob er meinen heißesten Wunsch erraten hätte.

Nach einer Weile brachte er Papier und Bleistift. Ich versteckte es sorgfältig, damit keine Revision es finde.

Und nie griff ich danach.

Es war zu schön – ich konnte es gar nicht glauben. Zu schön, hier, im dunklen Hause, einige Wochen nach meiner Verhaftung, in der Uniform derer, die für dich nur Gebrüll und Schläge hatten – einen Menschen zu finden, einen Freund, der dir die Hand reicht, damit du nicht spurlos aus dem Leben scheidest, damit du den Künftigen Botschaft senden kannst, damit du wenigstens für einen Augenblick mit denen sprechen kannst, die diese Zeit überleben und die eine neue Zeit erleben.

Und gerade jetzt! In den Gängen riefen sie die Namen für die Hinrichtung auf, das Blut berauschte zu rohem Schreien, und das Grauen schnürte die Kehlen derer zu, die nicht aufschreien konnten. Gerade jetzt, zu dieser Zeit – nein, das war unglaubhaft, das konnte nicht wahr sein, das war sicher nur eine Falle. Welch eine Kraft müßte der Mann besitzen, der dir allein und aus eigenem Antrieb in dieser Stellung die Hand reicht! Und was für einen Mut!

Etwa ein Monat war vergangen. Das Standrecht wurde aufgehoben, das Schreien verstummte, die grausame Zeit ging in die Erinnerung ein. Es war wieder Abend, wieder eine Rückkehr vom Verhör und wieder derselbe Aufseher vor der Zelle.

»Sie sind entkommen, so scheint es. War es«, er sah mich forschend an, »war alles in Ordnung?«

Ich verstand diese Frage sehr gut. Sie berührte mich tief. Sie überzeugte mich mehr als etwas anderes von seiner Ehrlichkeit. So konnte nur ein Mensch fragen, der ein inneres Recht dazu hatte. Seit dieser Zeit vertraute ich ihm. Er war <u>unser</u> Mann.

Äußerlich: eine rätselhafte Erscheinung. Er ging gewöhnlich allein durch die Gänge, ruhig, verschlossen, wachsam, beobachtend. Nie hörtest du ihn schreien. Nie sahst du ihn zuschlagen.

»Bitte geben Sie mir eine Ohrfeige, wenn Smetonz herschaut«, baten ihn die Genossen aus der Nachbarzelle, »damit er Sie wenigstens einmal in Tätigkeit sieht.«

Er schüttelte den Kopf.

»Ist nicht nötig.«

Nie hörtest du ihn anders sprechen als tschechisch. Alles an ihm sagte dir, daß er anders ist als die übrigen. Aber du hättest schwerlich sagen können, warum. Auch die anderen vom Aufsichtspersonal fühlten das, aber sie konnten ihm nicht beikommen.

Er ist überall, wo es notwendig ist. Er bringt Ruhe hinein, wo Panik entsteht, er spricht Mut zu, wo einer den Kopf hängenläßt, er stellt Verbindungen her, wo zerrissene Fäden draußen neue Leute gefährden. Er verliert sich nicht in Kleinigkeiten. Er arbeitet systematisch und umsichtig.

Nicht erst jetzt. Von Anfang an. Mit dieser Aufgabe ist er schon in den Dienst des Nazismus getreten.

Adolf Kolínský, ein tschechischer Aufseher aus Mähren, ein Tscheche aus alter tschechischer Familie, gab sich als Deutscher aus, um tschechische Häftlinge in Hradec Králové und dann im Pankrác bewachen zu können! Das gab vielleicht eine Aufregung unter denen, die ihn kannten. Aber vier Jahre später, beim Rapport, fuchtelt ihm der deutsche Gefängnisdirektor mit den Fäusten vor den Augen herum und droht – ein bißchen spät:

»Ich werde Ihnen das Tschechentum austreiben!«

Er irrt übrigens. Es ist nicht nur Tschechentum. Er müßte ihm den Menschen austreiben. Den Menschen, der bewußt und freiwillig seinen richtigen Platz einnahm, um kämpfen und im Kampfe helfen zu können, den die ständige Gefahr nur stählte.

Unser Mann

Wenn sie uns am Morgen des 11. Februar 1943 zum Frühstück statt der gewohnten undefinierbaren schwarzen Brühe Kakao gebracht hätten, wir hätten dieses Wunder nicht bemerkt. Denn an diesem Morgen huschte an unserer Zellentür die Uniform eines tschechischen Wachmannes vorbei. Sie huschte nur vorbei. Ein Schritt schwarzer Hosenbeine in hohen Stiefeln, eine Hand im dunkelblauen Ärmel hob sich zum Schloß, schlug die Tür zu, und die Vision verschwand. Das alles ging so schnell, daß wir es eine Viertelstunde später gar nicht mehr glauben wollten.

Ein tschechischer Wachmann im Pankrác! Welch weitreichende Schlüsse konnten wir daraus ziehen!

Nach zwei Stunden hatten wir sie schon gezogen. Die Zellentür öffnete sich wieder, ein tschechisches Polizeikäppi schaute herein, und ein Mund, lustig grinsend über unser Staunen, verkündete:

»Freistunde!«

Jetzt war schon jeder Irrtum ausgeschlossen. Neben den graugrünen Uniformen der SS-Aufseher in den Gängen zeigten sich einige dunkle Flecke, die uns strahlend hell vorkamen: tschechische Wachleute. Was bedeutet das für uns? Wie werden sie sein? Mögen sie sein, wie sie wollen, die Tatsache allein, daß sie hier sind, spricht eine deutliche Sprache. Wie sehr muß ein Regime dem Ende zugehen, wenn es sogar in den empfindlichsten Bereich, in die einzige Stütze, die es hat, nämlich in seinen Unterdrückungsapparat, Menschen des Volkes einreihen muß, das es unterdrücken will! Welch einen furchtbaren Mangel an Menschenmaterial muß es schon haben, wenn es diese seine letzte Bastion schwächt, um ein paar Leute einzusparen. Wie lange will es sich da noch halten?

Freilich, es werden sicherlich besonders ausgesuchte Leute sein, vielleicht werden sie schlimmer sein als die deutschen Aufseher, die durch Gewohnheit und Unglauben an den Sieg schon demoralisiert sind, aber die Tatsache an sich, daß sie hier sind, ist ein untrügliches Vorzeichen des Endes.

Solche Überlegungen stellten wir an.

Und es war mehr, als wir zuerst zu glauben wagten. Denn das Regime konnte nicht einmal mehr wählen, da es keine Wahl mehr hatte.

Am 11. Februar sahen wir zum ersten Mal tschechische Uniformen.

Am nächsten Tag begannen wir schon, die Leute kennenzulernen.

Er kam, schaute in die Zelle, trat verlegen auf der Schwelle hin und her, und dann – wie wenn ein Zicklein vor Übermut mit allen vieren in die Höhe springt – sagte er in einer plötzlichen Anwandlung von Mut:

»Nun, wie geht's, meine Herrschaften?«

Wir antworteten mit einem Lächeln. Er lachte auch, dann wurde er wieder verlegen:

»Seid nicht böse auf uns. Ihr könnt uns glauben, lieber hätten wir weiter Straßenpflaster unter den Füßen, als daß wir euch da bewachen. Aber wir mußten. Und vielleicht ... vielleicht wird es zu etwas gut sein ... !«

Er freute sich, als wir ihm sagten, wie wir darüber dachten und mit welchen Augen wir sie betrachteten. Und so wurden wir vom ersten Augenblick an Freunde. Das war Vítek, ein einfacher, gutherziger Bursche – er war es, der damals früh als erster an unserer Zellentür vorübergehuscht war.

Der zweite, Tůma, war der echte Typ des alten tschechischen Aufsehers. Ein Grobian, brummig, aber im Grunde gutmütig. Er fühlte nicht das Besondere seiner Stellung, im Gegenteil, er war hier sofort zu Hause, und zwar auf seine Art, immer mit derben Scherzen, hielt er die Ordnung ebenso aufrecht, wie er sich gegen sie verging: Hier steckte er einer Zelle Brot zu, dort eine Zigarette, da wieder ließ er sich in eine vergnügliche Unterhaltung über alles mögliche ein (außer über die politische Lage). Er tat das ganz selbstverständlich; das war seine Auffassung vom Wachdienst, und das verbarg er nicht. Die erste Rüge, die er deswegen bekam, machte ihn vorsichtiger, änderte ihn aber nicht. Er blieb weiterhin der gemütliche Aufseher. Man hätte es nicht gewagt, ihn um etwas Großes zu bitten. Aber man atmete freier bei ihm.

Der dritte ging düster, wortlos und uninteressiert die Zellen entlang. Auf vorsichtige Versuche, Beziehungen anzuknüpfen, reagierte er nicht.

»Mit dem haben wir kein großes Glück«, sagte der Vater nach einwöchiger Beobachtung. »Der ist unter ihnen der am wenigsten Brauchbare.«

»Oder der Gescheiteste«, warf ich absichtlich so ein bißchen aus Opposition ein, weil verschiedene Ansichten in kleinen Dingen die Würze des Lebens in der Zelle sind.

Nach vierzehn Tagen schien es mir, als ob dieser Schweiger irgendwie lebhafter mit den Augen zwinkerte. Ich erwiderte diese unscheinbare Bewegung, die im Gefängnis tausenderlei Sinn hat. Und wieder nichts. Wahrscheinlich hatte ich mich geirrt.

Nach einem Monat jedoch war es schon klar. Es geschah plötzlich, als wenn sich ein Schmetterling entpuppt. Die eingesponnene Puppe platzt, und es zeigte sich ein lebendiges Wesen. Es war kein Schmetterling. Es war ein Mensch.

»Du errichtest Denkmäler«, sagte der Vater wiederholt zu manchen dieser Charakteristiken. Ja, ich möchte, daß die Genossen nicht vergessen werden, die treu und standhaft gekämpft haben, draußen wie hier, und die gefallen sind. Aber ich möchte auch, daß die Lebenden nicht vergessen werden, die uns nicht weniger treu und nicht weniger standhaft unter den schwersten Bedingungen geholfen haben. Daß aus der Dämmerung der Pankrácer Gänge solche Gestalten wie Kolínský und wie dieser tschechische Wachmann ans Licht der Öffentlichkeit gelangen. Nicht um ihres Ruhmes willen. Aber als Beispiel für andere. Denn die Menschenpflicht endet nicht mit diesem Kampf, und ein Mensch zu sein wird auch weiterhin ein heldenhaftes Herz erfordern, solange die Menschen nicht ganz Menschen sein werden.

Es ist eigentlich nur eine kurze Geschichte, die Geschichte des Wachmannes Jaroslav Hora. Aber es ist die Geschichte eines ganzen Menschen.

Der Radnicer Bezirk. Ein entlegener Erdenwinkel. Eine schöne, traurige und arme Gegend. Der Vater Glasarbeiter. Schweres Leben. Plage, wenn es Arbeit gibt, und Not, wenn Arbeitslosigkeit herrscht, die hier ihr Heimatrecht hat. Das zwingt einen entweder auf die Knie, oder es lehrt einen, den Kopf hochzuhalten im Glauben an eine bessere Welt und an den Kampf um sie. Der Vater hatte das zweite gewählt. Er wurde Kommunist.

Der junge Jarda ist unter den Radfahrern beim Maiumzug mit einer durchs Rad geflochtenen roten Schleife. Er hat sie nicht dort gelassen. Er trug sie, ohne es genau zu wissen, irgendwo bei sich in die Lehre, in eine Drechslerwerkstätte, zur ersten Arbeit ins Škodawerk.

Krise, Arbeitslosigkeit, Militärdienst, Aussicht auf Anstellung, Polizeidienst. Ich weiß nicht, wie es in dieser Zeit der roten Schleife bei ihm ergangen ist. Vielleicht ist sie irgendwo zusammengerollt, weggelegt, vielleicht auch halb vergessen, aber nicht verloren. Eines Tages bestimmte man ihn zum Dienst im Pankrác. Er kam nicht freiwillig hierher wie Kolínský, mit einer Aufgabe, die er sich im vorhinein gestellt hatte. Aber er wurde sich ihrer bewußt, sowie er zum erstenmal in eine Zelle schaute. Die Schleife rollte sich auf.

Er prüft das Feld. Er schätzt seine Kräfte ab. Er spinnt sich in angestrengtem Nachdenken ein, wo anfangen und wie am besten anfangen? Er beschäftigt sich nicht von Berufs wegen mit Politik. Er ist ein einfacher Sohn des Volkes. Aber er hat die Erfahrung seines Vaters. Er hat einen festen Kern, der seinen Entschluß bestimmte. Und er entschied sich. Aus der eingesponnenen Puppe kommt ein Mensch ans Licht.

Es ist ein prächtiger, lauterer Mensch, empfindsam, scheu und doch mannhaft. Er wagt alles, was hier nötig ist. Es sind kleine Dinge nötig und auch große Dinge. Er erledigt die kleinen und die grossen Dinge. Er arbeitet, ohne viel Wesens davon zu machen, still, mit Überlegung, aber ohne Furcht. Das ist ihm alles selbstverständlich. Es ist ein kategorischer Imperativ in ihm. So muß es sein – also was gibt es da noch zu reden.

Und das ist eigentlich alles. Das ist die ganze Geschichte eines Mannes, der sich schon heute einige gerettete Menschenleben auf sein Konto gutschreiben kann. Diese Menschen leben und arbeiten draußen, weil ein Mann im Pankrác seine Menschenpflicht erfüllt. Sie kennen ihn nicht, und er kennt sie nicht. So wie sie Kolínský nicht kennen. Ich möchte, daß sie sie wenigstens nachträglich kennenlernen. Die zwei hier haben den Weg zueinander schnell gefunden. Und das hat ihre Möglichkeiten vervielfacht.

Merk sie dir als Beispiel. Als Beispiel von Menschen, die den Kopf am richtigen Fleck haben. Und vor allem das Herz.

Vater Skořepa

Wenn du sie einmal zufällig alle drei beisammen siehst, hast du ein leibhaftiges Bild der Verbrüderung vor dir: die graugrüne Uniform des SS-Aufsehers – Kolínský; die dunkle tschechische Polizeiuniform – Hora; und die helle, aber unerfreuliche Häftlingskleidung des Kalfaktors – Vater Skořepa. Du siehst sie aber nur selten beisammen, sehr selten. Gerade deshalb, weil sie zusammengehören.

Die Gefängnisvorschriften gestatten, zur Arbeit in den Gängen, zum Aufräumen und zum Essenaustragen »nur besonders verläßliche, disziplinierte, von den übrigen Häftlingen streng isolierte Häftlinge« einzusetzen. So lautet die Vorschrift. Tot, von vornherein tot. Solche Kalfaktoren gibt es nicht und hat es nie gegeben. Und vor allem nicht in den Gestapogefängnissen. Die Kalfaktoren hier – das sind im Gegenteil Vorposten, die aus den Zellen hinausgesandt wurden vom Häftlingskollektiv, damit es der freien Welt näher ist, damit es leben kann, damit es sich verständigen kann. Wie viele Kalfaktoren haben schon einen Auftrag, der verraten, oder einen Kassiber, der bei ihnen abgefangen wurde, mit dem Leben bezahlt! Aber das

Gesetz des Häftlingskollektivs verlangt unerbittlich von denen, die an ihre Stelle treten, daß sie ihre gefährliche Arbeit fortsetzen. Geh mit Mut daran oder fürchte dich davor – ausweichen kannst du sowieso nicht. Durch Angst kannst du nur viel verderben, kannst du auch alles verspielen – wie bei jeder illegalen Arbeit.

Aber dies hier ist eine verschärfte illegale Arbeit: unmittelbar in den Händen derer, die sie unterdrücken wollen, vor den Augen der Aufseher, an dem Ort, den sie bestimmen, in den Sekunden, die sie wählen, unter den Bedingungen, die sie schaffen. Alles, was du draußen gelernt hast, ist hier zuwenig. Und doch mußt du damit fertig werden.

Es gibt Meister der illegalen Arbeit draußen. Und es gibt Meister dieser Arbeit unter den Kalfaktoren. Vater Skořepa ist ein solcher Meister. Bescheiden, anspruchslos, still dem Anschein nach – und beweglich wie ein Fischlein. Die Aufseher loben ihn: Sieh, was für ein Arbeitsknochen, wie verläßlich er ist, wie er nur an seine Pflicht denkt und sich zu nichts Unerlaubtem verleiten läßt; Kalfaktoren, nehmt euch ein Beispiel an ihm!

Ja, ihr Kalfaktoren, nehmt euch an ihm ein Beispiel! Er ist wirklich das Muster eines Kalfaktors in dem Sinne, wie ihn der Häftling versteht. Der verläßlichste und empfindsamste Vorposten des Häftlingskollektivs.

Er kennt die Zelleninsassen, jeden Zuwachs vom ersten Augenblick an; warum jeder da ist, wer seine Gefährten sind, wie er sich verhält und wie sie sich verhalten. Er studiert die »Fälle« und bemüht sich, sie richtig einzuschätzen. Das ist wichtig, wenn er beraten oder eine Botschaft richtig überbringen will.

Er kennt den Feind. Sorgfältig prüft er jeden Aufseher, seine Gewohnheiten, seine starken und schwachen Seiten, worin man sich besonders vor ihm hüten muß, wofür man ihn einspannen kann, wie man ihn einschläfern, wie überlisten kann. Viele der Eigenheiten der Aufseher, die ich ausgenutzt habe, kannte ich durch Vater Skořepa. Und er kennt sie alle, er kann jeden einzeln und jeden gut charakterisieren. Das ist wichtig, wenn er Bewegungsfreiheit in den Gängen und die gesicherte Möglichkeit einer wirksamen Arbeit haben will.

Und vor allem kennt er seine Pflicht. Er ist ein Kommunist, der weiß, daß es keinen Ort gibt, wo er aufhören darf, es zu sein, wo er die Hände in den Schoß legen und die »Tätigkeit einstellen« darf. Ich würde sogar sagen, daß er hier, in der größten Gefahr und unter dem schwersten Druck, seinen rechten Platz gefunden hat. Hier ist er gewachsen.

Er ist agil. Jeder Tag und jede Stunde schaffen eine neue Situation und fordern eine andere Methode. Er findet sie schnell und sicher. Er hat Bruchteile von Minuten zur Verfügung. Er klopft an eine Zellentür, hört die vorbereitete Botschaft ab und richtet sie kurz und klar am anderen Ende des Ganges aus, bevor der neue Dienst die Stiege zum ersten Stock hinaufgeht. Er ist vorsichtig und geistesgegenwärtig. Hunderte von Kassibern sind durch seine Hände gegangen – nicht ein einziger wurde abgefangen, nicht einmal ein Verdacht wurde geweckt.

Er weiß, wo jemand der Schuh drückt, wo es nötig ist, Mut zu machen, wo eine genaue Schilderung der Lage draußen gegeben werden muß, wo der Blick seiner wirklich väterlichen Augen einem Menschen Kraft gibt, in dem die Verzweiflung wächst, wo ein zusätzlicher Kanten Brot oder eine Kelle Suppe hilft, den schwersten Übergang zum »Gefängnishunger« zu ertragen – er weiß es, erkennt es mit feinem Gefühl und gründlicher Erfahrung und <u>handelt</u> danach.

Er ist ein Kämpfer, stark und furchtlos. Er ist ein lauterer Mensch. Das ist Vater Skořepa.

Ich möchte, daß ihr, die ihr dies vielleicht einmal lesen werdet, in ihm nicht nur ihn seht, sondern den ganzen wundertätigen Typ des Kalfaktors, des »Hausarbeiters«, der die Arbeit, die die Unterdrücker von ihm für sich verlangten, ganz in eine Arbeit für die Unterdrückten umzuwandeln verstand. So ein Vater Skořepa ist nur einer, aber als Typ hat er eine Reihe von Gefährten, menschlich verschiedene, aber nicht kleinere Gestalten. Im Pankrác und im Petschek-Palais. Ich wollte ihr Bildnis zeichnen, aber leider, es verbleiben nur noch wenige Stunden, so wenig für »das Lied, das sich so kurz singt, obwohl es sich so lange lebt«.

Also wenigstens einige Namen, einige Beispiele, bei weitem nicht alle, die es verdienen, nicht vergessen zu werden:

»Renek«, Josef Teringl, ein harter Mensch, leicht erregbar, mit dem ein Stück Geschichte des Petschek-Palais und unseres Widerstandes dort eng verbunden ist, ebenso wie mit seinem unzertrennlichen Gefährten, dem gutmütigen Pepík Bervida.

Dr. Miloš Nedvěd, ein hübscher, grundanständiger Junge, der seine tägliche Hilfe für die eingekerkerten Genossen in Auschwitz mit dem Leben bezahlte.

Arnošt Lorenz, ein Mann, dessen Frau hingerichtet wurde, weil er seine Genossen nicht preisgab, und der ein Jahr darauf selbst zur Hinrichtung ging, um seine Kameraden, die Kalfaktoren von der »Vierhundert« und ihr ganzes Kollektiv zu retten.

Der prächtige und immer humorvolle Vašek *Rezek*; die verschlossene, sehr aufopfernde Anka Viková, die zur Zeit des Standrechts hingerichtet wurde; der *energische und* immer lustige, geschickte, ständig neue Wege erfindende »Bibliothekar« Špringer; der zarte junge Bílek ...

Nur Beispiele, nur Beispiele. Größere oder kleinere Gestalten. Aber immer Gestalten. Niemals Figuren.

Achtes Kapitel

Ein Stückchen Geschichte

9. Juni 1943

Vor meiner Zelle hängt ein Gürtel. Mein Gürtel. Das Zeichen des Transports. In der Nacht wird man mich zum Prozeß ins Reich überführen und – und so weiter. Von der kleinen Schnitte meines Lebens beißt die Zeit hungrig das letzte Stück ab. Vierhundertundelf Tage im Pankrác vergingen unbegreiflich rasch. Wie viele verbleiben noch? Und wo? Und was für Tage?

Ich werde aber kaum noch Gelegenheit haben zu schreiben. Deshalb also dies letzte Zeugnis. Ein Stückchen Geschichte, für das ich anscheinend der letzte lebende Zeuge bin.

Im Februar 1941 wurde das ganze Zentralkomitee der Kommunistischen Partei der Tschechoslowakei verhaftet und ebenso die Ersatzleitung, die für einen solchen schlimmen Fall vorgesehen war. Wie es geschehen konnte, daß die Partei von einem so unermeßlich schweren Schlag getroffen wurde, ist noch nicht genau festgestellt. Vielleicht werden darüber einmal die Kommissare der Gestapo etwas erzählen, wenn man sie verhören wird. Vergeblich habe ich versucht, auch als Kalfaktor im Petschek-Palais der Sache auf den Grund zu kommen. Es war sicherlich zum Teil Provokation, aber auch viel Unvorsichtigkeit. Zwei Jahre erfolgreicher Arbeit in der Illegalität hatten irgendwie die Wachsamkeit der Genossen eingeschläfert. Die illegale Organisation wuchs in die Breite, immer neue Genossen wurden herangezogen, auch jene, die bei anderer Gelegenheit eingesetzt werden sollten, der Apparat vergrößerte sich und wurde kompliziert bis zur Unkontrollierbarkeit. Der Schlag auf das Zentrum der Partei war offensichtlich längere Zeit vorbereitet worden und erfolgte zu einem Zeitpunkt, als der Angriff auf die Sowjetunion schon bevorstand.

Ich kannte anfangs nicht den vollen Umfang der Verhaftungen. Ich wartete auf normale Verbindung, aber vergebens. Nach einem Monat war es jedoch schon klar, daß etwas zu Großes geschehen war und daß ich nicht einfach warten durfte. Ich suchte selbst Verbindung, und auch andere suchten sie.

Der erste, mit dem ich sie herstellte, war Honza Vyskočil, der den Bezirk Mittelböhmen leitete. Er hatte die Initiative ergriffen und Material zur Herausgabe des »Rudé právo« vorbereitet, damit die Partei nicht ohne das Zentralorgan bleibe. Ich schrieb einen Leitartikel, aber wir beschlossen, das Material (das ich nicht kannte) als Maizeitung herauszugeben, nicht als »Rudé právo«, weil die Zeitung schon von anderer Seite in behelfsmäßiger Aufmachung herausgebracht worden war.

Es kamen Monate der Partisanenarbeit. Ein sehr schwerer Schlag hatte die Partei getroffen, aber er konnte sie nicht zerschlagen. Hunderte neuer Genossen nahmen sich der verwaisten Aufgaben an, an die Stelle der gefallenen Führer traten entschlossen neue, die nicht zuließen, daß die Grundlagen der Organisation zerfielen oder in Passivität versanken. Nur eine Zentrale gab es noch immer nicht, und in der Partisanenarbeit lag gleichzeitig die Gefahr, daß zum wichtigsten Zeitpunkt – beim erwarteten Angriff auf die UdSSR – kein völlig einheitliches Vorgehen zustande kommen werde.

Aus dem auch noch partisanenhaft herausgegebenen »Rudé právo«, das in meine Hände gelangte, erkannte ich eine erfahrene politische Hand. Aus unserer Maizeitung, die leider nicht gerade besonders gelungen war, sahen wieder andere, daß sich auch hier jemand meldete, mit dem man rechnen konnte. Und wir suchten einander.

Es war dies ein Suchen im tiefen Wald. Wir vernahmen eine Stimme und gingen ihr nach – und da ertönte sie schon wieder von der entgegengesetzten Seite. Der schwere Verlust hatte die ganze Partei vorsichtiger, wachsamer gemacht, und zwei Genossen aus dem zentralen Apparat, die zueinanderkommen wollten, mußten sich durch ein Dickicht von Prüfungs- und Erkennungshindernissen durchschlagen, die sie selbst einander gelegt hatten und die freilich auch andere bei der Anknüpfung von Verbindungen gelegt hatten. Es war um so komplizierter, als ich nicht wußte, wer auf der anderen Seite war, ebenso wie er nicht wußte, wen er antreffen würde. Dann fanden wir endlich einen gemeinsamen Nenner. Es war dies der prachtvolle junge Dr. Miloš Nedvěd, der unser erster Verbindungsmann wurde. Auch darin lag ein Stück Zufall. Mitte Juni 1941 erkrankte ich und schickte Lída zu ihm, daß er mich behandle. Er kam sofort in Baxas Wohnung – und dort einigten wir uns. Er war auch mit der Suche nach »dem anderen« betraut, hatte aber keine Ahnung, daß ich das war. Er war – wie alle auf der anderen Seite – im Gegenteil überzeugt, daß ich verhaftet und wahrscheinlich schon tot sei.

Am 22. Juni 1941 überfiel Hitler die Sowjetunion. Noch am selben Abend gab ich mit Honza Vyskočil ein Flugblatt heraus, in dem wir offen sagten, was das für uns bedeutete. Am 30. Juni kam es zur ersten Zusammenkunft mit dem, den ich so lange gesucht hatte. Es kam zu dem Treffpunkt, den ich bestimmt hatte, weil er schon wußte, mit wem er zusammenkommen sollte. Ich wußte es noch immer nicht. Es war eine Sommernacht, durch das offene Fenster dufteten die Akazien, eine passende Gelegenheit für ein Stelldichein von Liebesleuten. Wir verdunkelten das Fenster, zündeten das Licht an – und umarmten einander. Es war Honza Zika.

Im Februar 1941 war also nicht das ganze Zentralkomitee verhaftet worden. Einer, Zika, war entkommen. Ich kannte ihn seit langem und hatte ihn längst liebgewonnen. Aber wirklich lernte ich ihn erst kennen, als wir zusammen arbeiteten. Rundlich, lächelnd, immer so ein bißchen väterlich – aber hart, kompromißlos, entschlossen und entschieden in der Parteiarbeit.

Für sich kannte er nichts und wollte nichts kennen als seine Pflicht. Er versagte sich alles, um sie erfüllen zu können. Er liebte die Menschen und besaß ihre Liebe, die er sich aber nie durch Augenzwinkern erkaufte.

Wir einigten uns innerhalb weniger Minuten. Und einige Tage später kannte ich auch schon das dritte Mitglied der neuen Leitung, das mit Zika bereits seit Mai in Verbindung stand: Honza Černý. Ein hochgewachsener, gutaussehender Bursche, der großartig mit Menschen umzugehen verstand, Spanienkämpfer, der schon während des Krieges über Nazideutschland mit einem Lungenschuß zurückgekehrt war, immer etwas Soldat, mit reicher Erfahrung in der illegalen Arbeit, begabt, ständig voller Tatkraft.

Monate angestrengten Kampfes verbanden uns in herrlicher Kameradschaft. Wir ergänzten einander alle drei durch unser Temperament sowie durch unser Können. Zika als Organisator, sachlich, peinlich genau, ließ sich durch kein schönes Wörtchen täuschen, ging jeder Nachricht auf den Grund, prüfte jeden Vorschlag von allen Seiten und beharrte freundlich, aber bestimmt auf der Durchführung jedes gefaßten Beschlusses. Černý als Leiter der Sabotagetätigkeit und der Vorbereitungen zum bewaffneten Kampf, in militärischen Begriffen denkend, ideenreich, großzügig, energiegeladen, unermüdlich und erfolgreich im Suchen neuer Formen und neuer Menschen. Und ich als Agitpropmann und Journalist, auf meinen Spürsinn vertrauend, ein bißchen Phantast, mit einem kritischen Sinn für Gleichgewicht.

Die Aufteilung der Funktionen war allerdings eher eine Aufteilung der Verantwortlichkeit, nicht der Arbeit. Denn eingreifen mußte jeder von uns in alles und überall selbständig vorgehen, wo es gerade nötig war. Es war kein leichtes Arbeiten. Die Wunde, die der Partei im Februar geschlagen worden war, war noch immer offen und verheilte nie gänzlich. Alle Verbindungen waren zerrissen, stellenweise hatten sich ganze Abschnitte in ein Nichts aufgelöst, andere Abschnitte waren gut besetzt, aber es fehlte der Weg zu ihnen; ganze Organisationen, ganze Betriebe, ja sogar ganze Bezirke waren monatelang isoliert, und wir mußten hoffen, daß ihnen wenigstens das Zentralorgan in die Hände kam, an dem sie sich zu orientieren vermochten. Es gab keine Treffpunkte – wir konnten die früheren Wohnungen nicht benutzen, weil sie noch immer gefährdet sein konnte –, es gab anfangs kein Geld, die Versorgung mit Essen war sehr erschwert, viele Dinge mußten von vorn begonnen werden ... Und das alles in einer Zeit, in der Zeit des Überfalls auf die Sowjetunion, da es galt, nicht nur die Partei wieder aufzubauen und vorzubereiten, sondern unmittelbar in den Kampf einzugreifen, die innere Front gegen die Okkupanten zu organisieren, den Kleinkrieg gegen sie zu führen, und das nicht nur mit den eigenen Kräften, sondern mit den Kräften des ganzen Volkes. In den Jahren der Vorbereitung von 1939 bis 1941 war die Partei in tiefer Illegalität nicht nur gegenüber der deutschen Polizei, sondern auch vor dem Volke. Jetzt, blutüberströmt, mußte sie nicht nur ihre Illegalität gegenüber den Okkupanten verstärken und vervollkommnen, sondern sie mußte auch gleichzeitig dem Volk gegenüber aus der Illegalität heraustreten, mußte Verbindungen zu Parteilosen aufnehmen, sich an das ganze Volk wenden, mit jedem verhandeln, der entschlossen war, für die Freiheit zu kämpfen, und durch unmittelbares Eingreifen auch diejenigen zu dieser Entschlossenheit führen, die noch zögerten.

Anfang September 1941 konnten wir uns zum erstenmal sagen, nicht daß wir die schwer getroffene Organisation erneuert haben, nein, das noch lange nicht, aber daß wir bereits wieder einen fest organisierten Kern haben, der selbst schon, wenigstens zum Teil, größere Aufgaben erfüllen kann. Das Eingreifen der Partei war auch sofort spürbar. Die Sabotageakte nahmen zu, die Streiks in den Betrieben nahmen zu – und Ende September schickten sie Heydrich gegen uns ins Feld.

Das erste Standrecht brach nicht den schon wachsenden aktiven Widerstand. Aber es verzögerte ihn und versetzte der Partei neue Schläge. Namentlich der Prager Bezirk und die Jugendorganisation wurden betroffen, es fielen auch neue, für die Partei so wertvolle Menschen wie Jan Krejčí, Štancl, Miloš Krásný und viele andere.

Nach jedem Schlag konnte man aber von neuem sehen, wie unzerstörbar die Partei ist. Ein Kämpfer fiel – und wenn ihn einer nicht ersetzen konnte, traten zwei, drei an seine Stelle. Ins neue Jahr traten wir schon mit einer fest ausgebauten Organisation, die zwar immer noch nicht alles umfaßte, bei weitem nicht die Breite vom Februar 1941 erreichte, aber doch fähig war, die Aufgaben der Partei in den Entscheidungsschlachten zu erfüllen. In die Arbeit teilten wir uns alle. Das Hauptverdienst aber hatte Honza Zika.

Was in der Presse geleistet wurde, dafür wird man vielleicht auf Dachböden und in Kellern, in versteckten Archiven der Genossen genügend Belege finden, es ist also nicht nötig, davon zu sprechen.

Unsere Zeitungen wurden zahlreich verbreitet und nicht nur in der Partei, sondern auch außerhalb der Partei gelesen; sie erschienen in bedeutenden Auflagen und wurden in vielen selbständigen, voneinander streng isolierten illegalen Vervielfältigungsstellen abgezogen oder gedruckt. Sie erschienen regelmäßig und schnell, wie es die Situation erforderte. Stalins Armeebefehl vom 23. Februar 1942 zum Beispiel bekamen die ersten Leser schon am 24. Februar abends in die Hand. Vorzüglich arbeiteten die Drucker, ebenso die Vervielfältigungsstelle der Ärzte und namentlich die »Fuchs-Lorenz« genannte, die auch selbst ihr Informationsblatt »Die Welt gegen Hitler« herausgab. Alles übrige machte ich allein, um niemanden sonst zu gefährden. Für den Fall, daß ich auffliegen sollte, war ein Nachfolger bereit. Er übernahm die Arbeit, als ich verhaftet wurde, und arbeitet bis heute.

Wir bauten einen möglichst einfachen Apparat auf, so daß mit einer Aufgabe möglichst wenig Menschen betraut waren. Wir ließen die vielen Mittelsmänner weg, die – wie sich im Februar 1941 gezeigt hat – den Apparat nicht schützten, sondern ihn im Gegenteil gefährdeten. Dies bedeutete zwar erhöhte Gefahr für jeden von uns, aber für die Partei war es so viel sicherer. Ein solcher Schlag wie im Februar konnte sie nicht mehr treffen.

Deshalb konnte auch das Zentralkomitee, durch ein neues Mitglied ergänzt, ruhig seine Arbeit fortsetzen, als ich verhaftet wurde. Nicht einmal mein nächster Mitarbeiter hatte eine Ahnung davon.

Honza Zika wurde in der Nacht des 27. Mai 1942 verhaftet. Es war wieder ein böser Zufall. Es war die Nacht nach dem Attentat auf Heydrich, als der gesamte Apparat der Okkupanten auf den Beinen war und eine Razzia in ganz Prag durchführte. Sie drangen auch in die Wohnung in Střešovice[22] ein, wo Zika sich gerade versteckt hielt. Er hatte seine Papiere in Ordnung und wäre wahrscheinlich ihrer Aufmerksamkeit entgangen. Aber er wollte eine ihm nahestehende Familie keiner Gefahr aussetzen und versuchte, durch das Fenster im zweiten Stock zu entkommen. Er stürzte jedoch ab und wurde mit einer schweren Verletzung des Rückgrats, die zum Tode führte, ins Gefängniskrankenhaus eingeliefert. Sie wußten überhaupt nicht, wen sie in die Hände bekommen hatten. Erst nach achtzehn Tagen, beim Vergleichen von Photographien, stellten sie seine Identität fest und brachten den Sterbenden ins Petschek-Palais zum Verhör. So sahen wir uns dort zum letztenmal, als wir konfrontiert wurden. Wir reichten uns die Hände, er lächelte mir mit seinem breiten, lieben Lächeln zu und sagte:

»Leb wohl, Jula!«

Das war das einzige, was sie von ihm hörten. Er sprach dann kein Wort mehr. Nach einigen Schlägen ins Gesicht wurde er ohnmächtig. Und ein paar Stunden darauf starb er.

Ich wußte von seiner Verhaftung schon am 29. Mai. Die Vorposten arbeiteten gut. Mit ihrer Hilfe vereinbarte ich mit ihm auch mein weiteres Verhalten. Es wurde dann nachträglich zusätzlich durch Honza Černý voll und ganz gebilligt. Das war auch unser letzter Beschluß.

Honza Černý wurde im Sommer 1942 verhaftet. Das war schon kein Zufall mehr, sondern die Folge grober Disziplinlosigkeit Jan Pokornýs, der mit ihm in Verbindung stand. Pokorný hat sich nicht so benommen, wie es die Pflicht eines führenden Funktionärs gewesen wäre. Nach einigen Stunden Verhör – gewiß ziemlich hartem Verhör, aber was konnte er anderes erwarten? – nach einigen Stunden Verhör verlor er die Nerven und verriet die Wohnung, in der er mit Černý zusammengekommen war. Von dort führte dann die Spur zu Honza, der nach einigen Tagen so in die Hände der Gestapo fiel.

Wir wurden sofort miteinander konfrontiert, sowie sie ihn brachten.

»Kennst du ihn?«

»Ich kenne ihn nicht.«

Wir antworteten übereinstimmend. Er weigerte sich dann überhaupt auszusagen. Seine alte Verwundung bewahrte ihn vor langen Foltern. Bald fiel er in Ohnmacht.

Bevor es zur zweiten Vernehmung kam, war er schon genau informiert und richtete sich danach.

Sie erfuhren nichts von ihm. Sie behielten ihn in Haft, warteten lange darauf, daß irgendeine neue Aussage ihn zum Sprechen zwinge. Aber ohne Erfolg.

Das Gefängnis veränderte ihn nicht. Lebhaft, lustig und standhaft zeigte er weiterhin den Lebenden neue Perspektiven, er, der vor sich selbst nur die Perspektive des Todes hatte.

Ende April 1943 brachten sie ihn plötzlich vom Pankrác fort. Ich weiß nicht, wohin. Dieses plötzliche Verschwinden von Menschen hier hat immer etwas Unheilverkündendes an sich. Man kann sich allerdings auch irren. Aber ich glaube nicht, daß wir uns noch jemals wiedersehen werden.

Wir haben immer mit dem Tode gerechnet. Wir wußten: Wenn wir in die Hände der Gestapo fallen, bedeutet es das Ende. <u>Dementsprechend haben wir auch hier gehandelt.</u>

Nun ist vielleicht die Erklärung fällig, weshalb ich selber nach einiger Zeit mein Verhalten etwas geändert habe. Während sieben Wochen habe ich nicht ausgesagt. Mir war bewußt, daß kein Wort mich retten, aber meine Genossen draußen in Gefahr bringen kann. Das Schweigen war meine Aktivität.

Aber Klecan hatte gesprochen. Aus den Reihen der Intelligenz waren etliche Leute bereits verhaftet. Und es kam das Standrecht:

massenweise Verhaftungen und Hinrichtungen ohne lange Verhöre. Die Gestapo kombinierte: Wenn schon Vančura, warum nicht auch andere? Warum nicht auch S.K. Neumann? Warum nicht auch Halas? Warum nicht auch Olbracht? Diese drei wurden mir als Verfasser von Artikeln des illegalen Rudé právo genannt. Ihre Verhaftung war in der Schwebe. Verhaftung bedeutete den sicheren Tod. Auch andere waren an der Reihe: Nzval, Seifert, die beiden Vydras, Dostál und – aus mir ganz unbekannten Gründen – sogar Frejka und der anpassungsfähige Bor.

Hätte ich der Gestapo mit einemmal mein Innerstes aufgeschlossen, ich hätte meinen Gefährten kaum großen Schaden zufügen können. Doch darum ging es jetzt nicht. Es ging um etwas anderes. Die Frage stellte sich, ob ich sie mit meinem Schweigen retten konnte. War es noch aktiv? Oder war es nicht schon passiv geworden? Diese Frage mußte ich beantworten. Und ich habe sie beantwortet.

Ich war nicht unaufmerksam. Mir war nicht entgangen, was um mich herum geschieht und mit wem ich es zu tun habe. Die sieben Wochen in den Fängen der Gestapo haben mich vieles gelehrt. Ich habe diese allmächtigen Leute hier kennen gelernt, ihre Methoden, ihr Niveau. Ich habe begriffen, daß ich auch hier drinnen die Gelegenheit zu kämpfen habe; mit ganz anderen Mitteln als draußen – aber mit demselben Sinn und Ziel. Weiterhin zu schweigen hätte bedeutet, diese Gelegenheit nicht zu nutzen. Damit ich mir selber sagen konnte, in jeder Situation und an jedem Ort meine Pflicht erfüllt zu haben, dafür mußte ich etwas mehr tun. Ich mußte mich auf ein hohes Spiel einlassen. Nicht meinetwegen – ich müßte das Spiel sofort verlieren –, sondern für die anderen.

Sie erwarteten eine Sensation von mir. Ich habe sie ihnen also aufgetischt. Sie versprachen sich viel davon, wenn ich anfange zu sprechen. Also habe ich »gesprochen«. Wie – das findet ihr in meinem Verhörprotokoll.

Die Ergebnisse waren besser, als ich selbst erwartet hatte. Ich habe ihre Aufmerksamkeit in eine ganz andere Richtung gelenkt. Sie haben Neumann, Halas, Olbracht vergessen. Sie ließen die tschechische Intelligenz in Ruhe. Ich vermochte auch die nachträgliche Entlassung der verhafteten Božena Půlpánová und von Jindřich Elbl zu bewirken, auf deren Zeugnis ich mich berufe.

Mehr noch. Ich habe ihr Vertrauen gewonnen und habe das ausgenützt. Sie jagten einige Monate lang einem Trugbild nach, das – wie jedes Trugbild – größer und verführerischer war als die Wirklichkeit. Und die Wirklichkeit draußen konnte unterdessen arbeiten und zu einer Größe heranwachsen, die alle Trugbilder übertrifft. Ich selber konnte schließlich sogar auf Fälle einwirken, die hierher gerieten, und diese Eingriffe »blieben nicht ohne Folgen«. Das war die einzige Arbeit, die ich als »Hausarbeiter« im Petschek-Palais redlich ausübte.

Daß ich damit meinen Tod hinausgeschoben habe, daß ich Zeit gewann, die mir vielleicht helfen könnte, das war der Lohn, mit dem ich nicht gerechnet hatte.

Ein Jahr lang habe ich mit ihnen ein Theaterstück aufgeführt, in dem ich mir die Hauptrolle vorbehalten habe. Es war manchmal amüsant, manchmal aufreibend, immer dramatisch.

Jedes Spiel hat sein Ende. Höhepunkt, Krise, Auflösung. Der Vorhang fällt. Applaus. Zuschauer, geht schlafen!

Auch mein Spiel geht dem Ende zu. Das Ende habe ich nicht mehr beschrieben. Das kenne ich noch nicht. Das ist kein Spiel mehr. Das ist das Leben.

Und im Leben gibt es keine Zuschauer.

Der Vorhang hebt sich.

Menschen, ich hatte euch lieb. Seid wachsam!

9.6.43

Julius Fučík

Anmerkungen:

1 Berg im Böhmerwald
2 Anspielung auf das Gedicht »Ukolebávka vánoční« (»Weihnachtliches Wiegenlied«) von Jan Neruda.
3 Raum im ehemaligen Petschek-Palais, in dem grausame Verhöre stattfanden.
4 Sträflinge, die zu Hausarbeiten eingesetzt wurden.
5 Im Pankrácer Gefängnis wurde Gefängnisbrot gebacken. Diese Brote wogen 350 Gramm.
6 Dieses Lied wurde als Ausdruck der Verbundenheit mit den sowjetischen Genossen russisch gesungen. Der Satz ist im Original ebenfalls russisch.
7 Dieser Ausspruch und das zitierte Lied im Original russisch.
8 Gusta Fučíková war zu dieser Zeit am Karlsplatz inhaftiert.
9 Julius Zeyer (1841-1901), romantischer Dichter und Prosaschriftsteller.
10 Karel Sabina (1813-1877), tschechischer Politiker und Schriftsteller, der gegen die habsburgische Monarchie kämpfte.
11 F.X. Šalda (1867-1937), demokratischer tschechischer Literaturkritiker.
12 patriotische Gedichte.
13 Stadtteil von Prag.
14 Stadtteil von Prag.
15 Heimlich übermitteltes Schreiben von Gefangenen oder an Gefangene.
16 Gemeint ist der Prager Stadtteil Vinohrady.
17 »Volkszeitung«, älteste tschechische Tageszeitung.
18 Verbrecher aus Ruhmessucht.
19 Stadtteil im Süden von Prag.
20 Stadtteil von Prag.
21 Gesellschaftsspiel, bei dem Münzen in einer bestimmten Weise an die Wand geworfen werden müssen.
22 Stadtteil von Prag.

Aufruf August 1941

Leser!

Tscheche! Slowake! Karpato-Ukrainer!
Bürger der Tschechoslowakei!

Merke Dir! Wir alle stehen im Krieg gegen Hitler! Auch Du! Frage dich täglich selbst: Was habe ich heute vollbracht, damit Hitler vernichtet werde? Was habe ich heute für die Freiheit meines Volkes vollbracht? Wo und wie habe ich Hand ans Werk gelegt, damit ich als freier Mensch leben kann? Was habe ich heute für ein freies und glückliches Leben meiner Kinder getan?

So lege dir selbst an jeden Tag Rechenschaft ab, die du morgen dem ganzen Volke ablegen wirst!

Illegales »Rudé právo«, August 1941

Offener Brief an Minister Dr. Goebbels
Die Antwort der tschechischen Intelligenz

Goebbels, Propagandaminister und Hofnarr der Nationalsozialisten, suchte sich einige Angehörige der tschechischen Intelligenz sowie der »Intelligenz« aus, lud sie nach Deutschland, zeigte ihnen, was er zeigen wollte, und sagte ihnen schließlich auch, welchen Sinn diese Paradereise gehabt habe. Seine Rede, in der grober Seelenschacher mit Drohungen abwechselte, galt nicht nur ihnen, sie war an die ganze tschechische Intelligenz gerichtet. Noch habe das tschechische Volk Zeit, sagte er, zu zeigen, ob »es sich gern und bereitwillig in den deutschen Ordnungsprozeß einreihen wolle oder ob es sich innerlich widersetze«. Dementsprechend, erklärte er weiter, würde Deutschland mit ehrlicher Freundschaft oder Kampf antworten. Und an der Intelligenz – das betonte er ganz besonders –, an der Intelligenz läge es, welchen Weg das tschechische Volk einschlagen wolle, denn das Volk habe immer die gleichen Vorstellungen wie seine führende geistige Schicht. Dies war der Grundgedanke seiner Rede.

Die Faschisten trachteten, den tapferen Widerstand des tschechischen Volkes auf den verschiedensten Wegen zu zersetzen. Sie erreichten nie ihr Ziel. Sie trachteten, die tschechische Jugend zu gewinnen. Vergebens. Sie trachteten die tschechische Arbeiterschaft zu gewinnen. Ihre Helfershelfer schafften es jedoch kaum, aus den Fabriken und Werkstätten zu flüchten. Jetzt möchten sie also durch die tschechische Intelligenz in den Volkskörper eindringen. »Tretet in unsere Dienste«, sagt Goebbels ganz unverhohlen, »es wird vorteilhaft für euch sein«, und er reibt sich kaufmännisch, wie beim Abschluß eines vorteilhaften Handels, die Hände – tretet in unsere Dienste; haben wir erst euch, dann haben wir euer ganzes Volk in der Tasche. Das Volk hat doch immer die gleichen Vorstellungen wie seine führende geistige Schicht. Mit minder gewählten, aber dafür genaueren Worten: »Übt ihr Verrat, ist das ganze Volk verraten!«

Dieses niederträchtige Angebot, diese gemeine Beleidigung der tschechischen Intelligenz kann nicht ohne Antwort bleiben. Wir sind sie uns selbst und unserer Ehre schuldig, wir sind sie unserem Volk schuldig, allen seinen fortschrittlichen Kräften und allen, an deren Seite wir in der Front des nationalen, revolutionären Freiheitskampfes stehen. Und deshalb antworten wir. Wir, die tschechischen Musiker, Schauspieler, Schriftsteller, Ingenieure, wir, deren Mund durch eure Zensur gewaltsam zum Schweigen verurteilt wird, deren Hände durch euren Terror gefesselt sind, wir, deren Gefährten zu Tausenden in euren Kerkern und Konzentrationslagern unmenschlich leiden, *wir, die tschechische Intelligenz, antworten Ihnen, Herr Minister Goebbels!* Niemals, hören Sie, niemals werden wir den revolutionären Kampf des tschechischen Volkes verraten, niemals werden wir in Ihre Dienste treten, niemals werden wir der Finsternis und der Knechtschaft dienen!

Was wollen Sie von uns? Daß wir helfen, unter dem tschechischen Volk Ihre betrügerische und in jedem Wort lügenhafte Propaganda zu verbreiten, daß wir ihr mit unserem Namen, die durch ehrliche Arbeit auf dem Gebiet unserer Kultur erworben wurden, eine Glaubwürdigkeit verleihen, die sie nicht hat, daß wir Ihren Betrügereien unseren Mund und unsere Feder zur Verfügung stellen, daß wir das Vertrauen unseres Volkes mißbrauchen und ihm den Weg empfehlen, der nur zu qualvollem Untergang führt. Nein, das werden wir nicht tun.

Was wollen Sie von uns? Daß wir uns an Ihrem blutigen Terror beteiligen, daß wir uns an die Seite Ihrer Gestapo und auf deren Niveau stellen, daß wir wie die Gestapo, die Körper, den Geist der tschechischen Menschen töten, daß wir allen Ihren Gewalttätern helfen, den stolzen und herrlichen Widerstand des tschechischen Volkes zu brechen, um dessen Unterjochung Sie sich vergebens bemühen. Nein, das werden wir nicht tun!

Was wollen Sie eigentlich von uns? Daß wir Selbstmord begehen. Das werden wir allerdings nicht tun.

WIR, »die führende geistige Schicht des Volkes«, wie Sie sagen, sind mit dem Volk unseres Landes tatsächlich durch tiefe und unzerreißbare Bande verknüpft. Aber nicht deshalb, weil wir ihm unsere Anschauungen aufzwingen, sondern weil wir seine Anschauungen ausdrücken. Wir, die Kulturschaffenden, sind stets auf Leben und Tod mit den fortschrittlichen Kräften unseres Volkes verbunden, und wir sind uns dessen bewußt. Alle Epochen, in denen die tschechische Intelligenz tatsächlich die führende geistige Schicht gewesen ist, alle großen Epochen der tschechischen Kultur, alle ihre großen Namen sind verbunden mit den kühnsten Gedanken des menschlichen Fortschritts, in deren Namen unser Volk *für sein Leben* gekämpft und gelitten hat – gelitten hat, aber nicht untergegangen ist, *weil es sie nicht aufgegeben hat.* »Für Menschenfreiheit, die wir eingetrunken, steht heut der Tscheche, der ihr Treue schwor. Idee, für die wir einst ins Grab gesunken, du hebst zu neuem Ruhme uns empor!« Das hat ein tschechischer Dichter geschrieben, Herr Minister Goebbels, so hat ein tschechischer Dichter schon vor Jahren für alle ausgesprochen, für uns und auch für unser Volk, welches der einzige Weg ist, der uns zur Freiheit und zur Sicherung unserer nationalen Existenz führt. Es ist nicht der Weg des Verrats an Ihr Regime, sondern der Weg des Kampfes gegen die Unterdrückung, des Kampfes für dir Freiheit bei uns, bei Ihnen, in ganz Europa! Ihm bleiben wir treu!

In der tschechischen Geschichte gibt es viele Seiten, beschrieben mit dem politischen Verrat der reaktionären tschechischen Herren, die stets bereitwillig die Freiheit des Volkes, ja auch das Leben der ganzen Nation verkauften, nur um sich ihre Güter und Profite zu sichern. Doch Sie finden darin keine einzige Seite politischen Verrat der tschechischen Kulturschaffenden – und wir, seien Sie versichert, werden sie in unsere Geschichte nicht hineinschreiben! »Gebor'n in stürmisch-unruhvollen Zeiten, zieh'n wir dahin in Sturm und Wolkenfirn, die uns zu unser'm stolzen Ziel begleiten; nur unser'm Volke neigen wir die Stirn.« Auch das hat ein tschechischer Dichter geschrieben, Herr Minister Goebbels. Und Sie glauben, daß wir, die Intelligenz eines Volkes, das Jahrhunderte schrecklicher Unterdrückung erlebte und ihr nicht unterlag, weil es nicht in die Knie fiel, Sie glauben, daß wir Blut vom Blut eines solchen Volkes, den Nacken vor Ihnen beugen werden? Sie Narr!

Aber Sie versprechen uns auch »Vorteile«. Wirklich? »Wenn diese Fragen erledigt sein werden« (das heißt, wenn der Verrat der tschechischen Intelligenz bereits im Gange ist), »dann wird sich dem tschechischen Film ein unvergleichlich größerer Absatzmarkt eröffnen... Die Tschechen werden die Möglichkeit haben, ihre Filme, ihre Literatur, ihre Musik auszuführen.« Haben Sie das gesagt? Ja, das haben Sie tatsächlich gesagt. Arme pferdefüßige Lorelei von den Ufern der Spree, wo ist dein verführerisches Wesen hingeraten? Will man den Vogel fangen, singt man ihm ein schönes Lied, sagt unser tschechisches Sprichwort, aber Sie können nicht einmal schön singen. Mit so etwas wollt ihr uns fangen? Mit der Ausfuhr tschechischer Filme, ihr, gerade ihr, die den tschechischen Filmschaffenden die technisch vollendetsten Filmateliers gestohlen habt, die es gleich im Keim unmöglich macht, daß sich die tschechische Filmkunst in ihrer ganzen Kraft entfalte? Mit der »Ausfuhr« der tschechischen Literatur, ihr, gerade ihr, die ihr in unserer ganzen Literatur in barbarischer Weise haust, die ihr die besten Werke der tschechischen Autoren konfisziert und vernichtet, die tschechische Literatur aus den tschechischen Büchereien hinauswerft, sogar Máchas »Mai« schändet, die zeitgenössische Gedichtsammlungen genauso wie die sechshundert Jahre alte Selbstbiographie Karls IV. beschlagnahmt und einfach die ganze tschechische Literatur vernichten wollt. Und mit der Ausfuhr der tschechischen Musik wollt ihr uns fangen, ihr, gerade ihr, die ihr mit ständigen Verboten unser Musikleben lähmt, die ihr das Werk unseres größten Komponisten mit Terror zum Schweigen bringt, ihr, die ihr uns verboten habt zu singen, ihr, die ihr selbst unseren Kindern die Gesangbücher mit den Liedern nehmt, die das tschechische Volk komponierte. Ihr habt unsere Hochschulen geschlossen, germanisiert die Volksschulen, habt die schönsten Schulgebäude besetzt und ausgeplündert, okkupiert die Theater, die Musikhallen und Kultursäle, beraubt die wissenschaftlichen Institute, macht die wissenschaftliche Arbeit unmöglich, macht aus den Journalisten geisttötende Automaten, vernichtet die Existenz Tausender Kulturarbeiter, vernichtet die Grundlagen der gesamten Kultur, all dessen, was die Schicht der Intellektuellen des Volkes bildet – und dann wollen Sie gerade von dieser Schicht, daß sie Ihnen helfe, diesen unhaltbaren Wahnsinn zu halten? »Herr, das ist ein Scherz, der nach einem Schlag verlangt!« – können wir mit den Worten eines großen deutschen Dramatikers antworten.

Ja, eines deutschen Dramatikers, dessen Dramen auf Ihren Bühnen ebenfalls nicht mehr erscheinen dürfen. Und das zeigt uns Ihre »Vorteile« in ihrer ganzen Pracht. Das erinnert uns an die Tatsache, daß Sie, ehe Sie den Feldzug gegen die tschechische Kultur unternehmen konnten, einen vernichtenden Feldzug gegen die eigene, gegen die deutsche Kultur geführt hatten. Sie haben die große deutsche Geisteswissenschaft erschlagen, Sie haben die größten zeitgenössischen deutschen Gelehrten aus dem Land vertrieben, Sie haben die größten deutschen Dichter und Schriftsteller verjagt oder zu Tode gemartert, Sie haben die Werke der größten deutschen Philosophen auf Scheiterhaufen verbrannt, Sie haben die deutschen Bildergalerien verwüstet, den Ruhm des deutschen Theaters in den Staub getreten, die deutsche Geschichte verfälscht, das Werk und den Namen Heinrich Heines, eines eurer größten Genien, und Dutzender anderer, um ein geringes kleinerer, aus der deutschen Literatur gestrichen. Sie haben Goethe und Schiller kastriert, Sie haben Ihren »Kulturraum« in eine ungeheure Wüste verwandelt. Sie haben Ihre »führende Schicht der Intelligenz« ausgerottet oder mundtot gemacht – und jetzt laden Sie die tschechische führende Schicht der Intelligenz ein, sich an dieser Ihrer segensreichen Tätigkeit zu beteiligen. Als was? Als Ihr nächstes Opfer. Denn andere Vorteile können Sie ihr nicht bieten. Sie wollen sie enthaupten und schlagen ihr vor, daß sie den Kopf selbst auf den Block lege. Dank für die Einladung. Wir nehmen sie nicht an!

Wir kennen Ihre »Vorteile«. Und wir verachten Ihre Drohungen. Nur eines, nur ein einziges nehmen wir von Ihrer langen Rede an: Ihr Eingeständnis, daß es euch nicht gelungen ist, das tschechische Volk zu brechen. Seit anderthalb Jahren trampelt ihr mir Nagelstiefeln in unserem Land herum, verfolgt uns auf Schritt und Tritt, füllt die Kerker mit unseren Männern, Frauen, ja sogar Kindern und mordet unsere besten Menschen. Seit anderthalb Jahren würgt ihr unser politisches, wirtschaftliches und kulturelles Leben. Seit anderthalb Jahren versucht ihr, uns mit Terror vor dem Hakenkreuz in die Knie zu zwingen. Und nach anderthalb Jahren solcher Raserei müssen selbst Sie, Sie Lügenminister der Nazipropaganda, bekennen, daß das euch gar nichts genützt hat, daß wir uns immer noch »widersetzen«. Jawohl, dieses Eingeständnis nehmen wir an. Darauf sind wir stolz. Wenn Sie aber meinen, Sie nichtswürdiger Ehrabschneider, daß wir, die tschechische Intelligenz, weniger Stolz und Charakter besäßen als das tschechische Volk, aus dem wir hervorgehen, wenn Sie meinen, daß wir uns von Ihnen verlocken oder einschüchtern, uns dem Volke entfremden ließen und mit ihrer Gestapo gegen das Volk gehen – dann nehmen Sie erneut unsere Antwort zur Kenntnis:

Nein, nein, niemals!

Fragen Sie jedoch, ob wir uns am Aufbau eines neuen Europas beteiligen wollen, so antworten wir Ihnen:

Ja, ja, ja und so bald wie möglich!

Es wird allerdings ganz anders sein als das Europa, von dem Sie reden. Ihre »neue Ordnung« ist die alte Unordnung, die nur mit dem eingespritzen Blut der Millionen eurer Opfer am Leben erhalten wird. Deshalb drängen Sie uns so! Deshalb wollen Sie, daß wir so schnell wie möglich zur neuen, wirkungsvolleren, weil »freiwilligen« Injektion für Sie werden – »ehe es zu spät ist«. Zu spät für wen? *Für euch!*

Denn wir sehen klar, *in was für einer Zeit* Sie Ihre freche Aufforderung an uns richten. Ihr führt einen Krieg, einen Raubkrieg, ihr habt Erfolg, siegt, geht vor, besetzt, schießt ab, bombardiert, versenkt – und was ist das Ergebnis von alledem? Daß das Illusorische des Ziels, für das ihr in den Krieg gezogen seid, mit jedem Augenblick deutlicher hervortritt, daß mit jedem Schritt den ihr vorgeht, euer Ziel hinter weiter sieben Berge und sieben Meere entweicht. Und auch ihr wißt das jetzt schon. Ihr habt Länder okkupiert, die zu eurem Hinterland gegen die Sowjetunion werden sollten, ihr habt in ihnen alles vernichtet, woran eure Propaganda und die Reaktion im eigenen Lande Jahre hindurch gebaut hatten, ihr habt den Menschen die jahrelang künstlich geblendeten Augen geöffnet, ihr habt den Sinn und das Herz Dutzender Millionen mit flammenden Haß gegen euch erfüllt, gegen ihre einheimische Reaktion, gegen den ganzen Faschismus, mag er Hemden gleich welcher Farbe tragen, ihr habt sie mit einem einzigen mächtigen Willen zur wirklichen Freiheit erfüllt – und jetzt wollt ihr daraus ein »neues«, faschistisches Europa organisieren. Ihr könnt wütend nach allen Seiten ausschlagen, aber organisieren könnt ihr nichts, außer euren eigenen Zusammenbruch. Und deshalb könnt weder ihr noch können eure ehemaligen Partner und jetzigen Gegner in England den Krieg beenden. Ihr habt in Europa ein furchtbares Morden hervorgerufen, ihr habt den Krieg in der Luft, auf dem Meer und auf der Erde begonnen – aber beenden wird ihn der *Untergrund*, in den ihr das tschechische, das französische, belgische, holländische, dänische, norwegische, spanische, italienische Volk und auch das Volk im eigenen Lande getrieben habt.

Nicht ihr also, wir wiederholen es euch, aber das wißt ihr heute schon selbst, nicht ihr, die ihr diesen Krieg hervorgerufen habt, sondern die Völker, die ihr in ihn hineingetrieben habt, die ihr vergebens mit Sklavengeist erfüllen wollt, die Völker, die von der revolutionären Arbeiterklasse geführt werden und sich auf die gewaltige und mit jedem eurer »Erfolge« wachsende Macht der Sowjetunion stützen, die Völker selbst werden diesen Krieg beenden, eure Pläne zerreißen und ein Europa aufbauen, wie es heute in ihren Gedanken lebt. Ein Europa ohne Nazis, ohne Faschisten aller Färbungen, ein Europa ohne beutegierige Schurken, ein Europa der befreiten Arbeit, ein Europa freier Völker, ein wirklich neues, ein sozialistisches Europa!

Die Repräsentanten der tschechischen Intelligenz

Illegales Flugblatt von Julius Fučík, Herbst 1940

Wir alle stehen im Krieg gegen Hitler

In der Geschichte der Völker der Tschechoslowakei wurde ein neues Datum eingetragen: der 18. Juli. An diesem Tag um die Mittagszeit unterzeichnete der sowjetische Gesandte in London, Genosse Maiski, als Vertreter der Regierung der Sozialistischen Sowjetrepubliken und der tschechische Außenminister Jan Masaryk, als Vertreter der Regierung der Tschechoslowakischen Republik ein *Abkommen über die gegenseitige Hilfe und das Zusammenwirken im Kampf gegen Nazideutschland*. Am gleichen Tag, um 4 Uhr nachmittags, erklärte, dem Beispiel der Sowjetunion folgend, auch die Regierung Großbritanniens, daß sie den bisherigen tschechoslowakischen Staatsrat als eine Regierung der *selbständigen und ungeteilten Tschechoslowakischen Republik* anerkennt.

Die Nachricht darüber wurde allerdings in der gesamten nazistischen und von den Nazis beherrschten Presse und auch im Rundfunk streng unterdrückt, aber schon am nächsten Tag gab es in unserem ganzen Land keinen Bürger, der sie nicht gekannt hätte. Sie wurde von Mund zu Mund getragen und weckte überall Begeisterung und Kampfentschlossenheit. Und des Kampfes, des begeisterten und entschlossenen Kampfes gegen Hitler und all seine Kreaturen bedarf es auch vor allem, damit die Freiheit unseres Landes erneuert und vollständig werde.

Was bedeuten für uns das Abkommen mit der Sowjetunion über gegenseitige Hilfe und die Anerkennung der tschechoslowakischen Regierung durch England? Durch die Unterzeichnung des Abkommens mit der Tschechoslowakei dokumentierte die Sowjetunion, daß sie die Okkupation der Tschechoslowakei nicht anerkennt und niemals anerkannt hat, daß sie auch die Verstümmelung der Tschechoslowakei in München – mit diesem »Schiedsspruch« war sie bekanntlich niemals einverstanden – nicht anerkennt und niemals anerkannt hat. Diesen Standpunkt nahm jetzt durch die Anerkennung der tschechoslowakischen Regierung auch England ein, das ursprünglich am Münchener Abkommen teilgenommen hatte. Und diesem Standpunkt schlossen sich auch die Vereinigten Staaten von Amerika an, die am 30. Juli die Anerkennung der unabhängigen tschechoslowakischen Regierung bekanntgaben. Das bedeutet, das die Tschechoslowakei heute wieder ihrer vollen Ausdehnung, ihrer Ganzheit, *ihren Vormünchener Grenzen und der Einheit ihrer Völker*, die Hitler gegeneinander hetzen wollte, um sie leichter unterjochen und aussaugen zu können, in internationalem Sinne existiert. Das bedeutet auch die internationale Anerkennung, daß sie mit dem Kranz ihrer Gebirge umsäumt ist, so wie es in unserer Erinnerung und in unseren Herzen immer war; das bedeutet, daß Čerchov böhmisch, Praděd mährisch und Nitra keine Grenzstadt ist.

Das Abkommen mit der Sowjetunion über gegenseitige Hilfe bedeutet weiter, daß sich die *Tschechoslowakei als Staat im Krieg gegen Hitler befindet*, daß sie als gleichberechtigtes Glied der großen antifaschistischen Front an der Seite des sowjetischen Bruderlandes kämpft und daß der Kampf für den ganzen tschechoslowakischen Staat, für die Befreiung der ganzen Tschechoslowakei und für alle ihre Völker geführt wird. Deshalb hat die Sowjetunion in einem besonderen Punkt des Abkommens über gegenseitige Hilfe mit der Tschechoslowakei ausdrücklich zugestimmt, das auf sowjetischen Boden selbständige, von tschechischen Offizieren geführte Einheiten der tschechoslowakischen Armee aufgestellt werden, die Seite an Seite mit der Sowjetarmee gegen die faschistischen Plünderer unseres Landes kämpfen und zusammen mit ihr den Sieg über Hitler erringen werden, der unsere Freiheit bedeutet. Diese Einheiten der tschechoslowakischen Armee in der Sowjetunion werden schon aufgestellt, und aus allen Enden des riesigen Sowjetlandes, aus Moskau, Wladiwostok, dem Donbaß und aus Mittelasien melden sich bereits *Söhne der Tschechoslowakei, Tschechen, Slowaken, Ukrainer, um sich mit der Waffe in der Hand den Weg zum freien Prag zu bahnen, zum freien Brno, zum freien Bratislava.*

Aber das Abkommen über den gemeinsamen sowjet-tschechoslowakischen Kampf gegen Hitler mobilisiert nicht allein unsere Brüder und Kameraden im Ausland. Nicht nur sie, die sich im freien Sowjetland gegen unseren niederträchtigen Unterdrücker frei formieren können, sondern auch wir hier, die von seiner rohen, bestialischen Regierung unmittelbar unterdrückt werden – *wir alle stehen im Krieg gegen Hitler. Und gerade wir sind die Hauptkraft des tschechoslowakischen Kampfes gegen ihn*, wir sind ein Volk, dessen Land der Feind okkupiert hat, das aber die Waffen nicht gestreckt hat, wir sind ein bedeutender Bestandteil, der ihm unausgesetzt Schläge versetzen muß, damit so schnell wir möglich seine schändliche, mörderische Existenz vernichtet werde.

Seht, wie das belorussische Volk kämpft! Hitler hat auch einen großen Teil seines Landes okkupiert, aber in dem ganzen besetzten Gebiet Belorußlands gibt es keinen Platz, wo die nazistischen Angreifer ihres Lebens sicher wären, gibt es weder eine Straße noch eine Bahnstrecke, auf der sie sicher fahren, kein Benzinlager, aus dem sie tanken, kein Stück Brot, mit dem sie ihren Hunger vertreiben könnten. Die belorussischen Arbeiter, die belorussischen Bauern haben alles, was das Leben des faschistischen Feindes, und sei es nur für eine Stunde, verlängern könnte, fortgeschafft, versteckt oder vernichtet, und lieber verwandeln sie ausgedehnte Gebiete ihres reichen Landes in eine Brandstätte, als daß sie Hitler, und sei es unfreiwillig, Hilfe leistet hätten. Sie wissen sehr wohl, daß alles, was er in ihrem Lande erlangen und für die Verpflegung, den Transport und die Erhaltung seines Heeres benutzen könnte, Gefahr für ihre Genossen für ihre Genossen in der Sowjetarmee bedeutete, ihren Sieg aufschieben und auf diese Weise ihr eigenes Leiden verlängern würde.

Dessen müssen *auch wir alle* uns bewußt sein, so *müssen auch wir alle kämpfen, die wir im Rücken unseres Todfeindes stehen.* Das erwarten von uns auch unsere Kameraden in der tschechoslowakischen Armee auf dem Boden der Sowjetunion, die in den Kampf für unsere Freiheit ziehen, entschlossen, ihr Leben hinzugeben und nie die Waffe wegzuwerfen.

»Schande werde ich euch nicht machen«, läßt ein Kladnoer Bergarbeiter, der vor seiner Abreise nach dem Donbaß in der Max-Hütte und der Schoeller-Hütte gearbeitet hat, seinen Freunden sagen, »Schande werde ich euch nicht machen, *und ich werde die Hitlerschen Henker schlagen, wie es sich für einen Kladnoer gehört. Und ihr daheim: Schließt euch zusammen und verpaßt keine Gelegenheit, den Hitlerkreaturen gehörige Hiebe zu versetzen!* Kein einziges Kilogramm Kohle für die nazistische Kriegsindustrie! Denkt daran, *daß wir alle im Krieg gegen Hitler stehen!*«

Ein Metallarbeiter aus Mladá Boleslav grüßt beim Eintritt in die tschechoslowakische Armee in der Sowjetunion seine Arbeitskollegen: »*Auf Wiedersehen bei uns in der befreiten Heimat!* Legt zu Hause Hand ans Werk, damit das Wiedersehen *so schnell wie möglich kommt. Keine einzige Granate aus eurer Laurinka* (Name eines Rüstungsbetriebs) *darf eure Brüder töten.*«

Und so spricht zu uns allen auch der Oberst im Generalstab der tschechoslowakischen Armee, der Leiter der tschechoslowakischen Militärmission in der Sowjetunion: »*Vergeßt nicht, daß alle, wir im Ausland und ihr zu Hause, eine einheitliche, untrennbare Armee sind. Wir alle müssen die größten Opfer bringen, unsere Freiheit und unseren Frieden zu sichern. Der Augenblick ist gekommen, da unser Volk die Niederlage des Hitlerregimes beschleunigen muß, es muß den Kampf gegen seine Tyrannen verschärfen, um so zu ihrer schnelleren Niederlage beizutragen. Ihr müßt eine solche Situation im Lande schaffen, daß den deutschen Okkupanten der Boden unter den Füßen brennt.*«

Bergmann, Metallarbeiter, Oberst – welch eine Übereinstimmung in ihren Worten, die für uns bestimmt sind, welch eine Einheit des Sinnes, des Willens und der Tat! Jawohl, Einheit der Tat! *Die Einheit des Kampfes gegen Hitler um die Befreiung der Tschechoslowakei, eine Einheit, die auch uns verbindet, ohne Unterschied der gesell-*

schaftlichen Schicht, ohne Unterschied der politischen Ansichten. Es ist dies eine Einheit nicht in Worten, sondern in Taten. Und diese Taten müssen unser aller Kampf gegen Hitler sein, ein allseitiger und unablässiger Kampf, ein Kampf mit allen Mitteln, an allen Orten, bei jeder Gelegenheit.

Die Arbeiterklasse der Tschechoslowakei gibt bereits ein großes Beispiel dieses Kampfes mit ihrer ununterbrochen wachsenden passiven Resistenz und ihrer Sabotage in den Betrieben, auf den Eisenbahnen, in den Werkstätten und den Magazinen. In einem tschechoslowakischen Automobilwerk wurden für Hitler bereits Autos hergestellt, die ganze sechzig Kilometer gefahren sind. In einer tschechoslowakischen Waffenfabrik wurden bereits Bombenträger für Flugzeuge produziert, die nicht einmal sich selbst tragen konnten. Auf dem östlichen Schlachtfeld heben die Sowjetsoldaten bereits Granaten gefunden, die nicht explodiert waren, und auf einer, die mit Sand gefüllt war, die beredten russisch geschriebenen Worte: »Wir tun, was wir können. Die tschechischen Brüder«. Auf tschechoslowakischen Eisenbahnen sind bereits Tankwagenzüge mit Benzin gefahren, die völlig leer an der Bestimmungsstation angekommen sind. Eine der wichtigsten Strecken der Tschechoslowakei (Praha–Plzeň–Vyšší–Brod) wurde gerade in den Stunden ernstlich beschädigt, da sie von sechs großen Militärtransporten befahren werden sollte. Ein anderer Zug, beladen mit Flugzeugtragflächen, verbrannte auf der Strecke. Ein weiterer Zug mit Munition flog in die Luft. In manchen Waffenfabriken haben es Arbeiter bereits abgelehnt, Überstunden zu machen, mit der Begründung, Hunger zu haben. Die Arbeitsleistung in allen Großbetrieben sinkt rasch. Die Werkzeugmaschinen weisen immer öfter Defekte auf. Mit großer und sichtbarer, mit kleiner und unsichtbarer, aber spürbarer Sabotagen an ihren Arbeitsplätzen geben die Arbeiter der Tschechoslowakei das Beispiel an der Spitze unseres Kampfes gegen Hitler.

Aber auch die tschechoslowakischen Bauern nehmen schon den Kampf auf. Das hitlersche Räubergesindel hat sie davon überzeugt, daß es ihnen vom Erlöß ihrer schweren Arbeit nichts übriglassen, daß es ihnen alles entreißen wird, um den Krieg fortzusetzen, also weiter stehlen, die tschechischen Speicher ausrauben, alles Vieh schlachten und die tschechischen Gärten plündern wird. Die Bauern begreifen, daß sie mit jedem Kilo Brot, welches das Leben der Nazis verlängert, ihr eigenes Leben, das Leben ihrer Familie, das Leben ihres ganzen Volkes verkürzen. Und aus dieser Erkenntnis ziehen sie bereits in vielen Orten Schlußfolgerungen, die gleichen Schlußfolgerungen, die aus der Okkupation ihres Landes die belorussischen Bauern gezogen haben: Trotz der Liebe zum Boden und zu seinen Früchten – aber auch trotz der größten Sicherheitsmaßnahmen der Nazibehörden – zünden sie die Ernte auf ihren Feldern lieber an, als sie den Hitlerbanden auszuliefern.

Auch in den Ämtern zeigt sich schon Sabotage; Soldaten und Offiziere der tschechoslowakischen Armee innerhalb unseres Landes sind bereits mit ersten Aktionen hervorgetreten, die Naziokkupanten sind schon beunruhigt und bemühen sich vergeblich, durch Verhängung des Standrechts in verschiedenen Bezirken die Flut des Vernichtungskampfes aufzuhalten, die sich ihnen mehr und mehr nähert. Sie wissen, daß dies erst der Anfang ist, und sie empfinden Grauen vor der Fortsetzung.

Ja, das ist erst der Anfang. Das ist der Anfang eines großen Kampfes, den die ganze Tschechoslowakei im Rücken des faschistischen Feindes führen muß. Alle Völker der Tschechoslowakei müssen einheitlich und mit allen Mitteln kämpfen, um Hitlers Fall zu beschleunigen. Die Nazis müssen vor jedem Schritt auf tschechoslowakischem Boden Grauen empfinden, sie dürfen keine einzige Minute sicher sein, die nächste Minute noch zu erleben. Der heilige Krieg um die Freiheit unseres Landes muß in allen seinen Gebieten entbrennen, in allen Betrieben, auf allen Feldern, Bahnlinien und Wegen, in allen Städten und Dörfern. Wir müssen alle Hand in Hand gegen die nazistischen Okkupanten vorgehen, ohne Zögern, ohne Angst vor eigenen Opfern, ohne Barmherzigkeit für den Feind. Alle!

Wer sich in dieser Stunde vom Kampf ausschließt, schließt sich aus dem Volk aus, schließt sich von der Entscheidung über seine Zukunft aus.

Wir haben die Welt mit unserer passiven Resistenz, die die Nazis weder mit Terror noch mit Mord, Konzentrationslager und wütendsten Angriffen auf die Nerven und Herzen des Volkes brechen konnten, in Erstaunen gesetzt. Jetzt aber sind wir noch stärker. Die Jahre der passiven Resistenz liegen hinter uns. Wir beginnen mit dem aktiven Widerstand. Wir treten zum Gegenangriff an. Nicht, um die Welt in Erstaunen zu setzen, sondern weil wir die Freiheit nur auf diese Weise erobern können, weil wir nur auf diese Weise überhaupt zu leben vermögen, weil wir den Völkern der Tschechoslowakei nur auf diese Weise den Weg in die Zukunft offenhalten können.

Die Entscheidung ist nah. Die Entscheidung liegt in unseren Händen. Auf zum Kampf! Wir alle befinden uns im Krieg gegen Hitler. Jeder Bürger der Tschechoslowakei ein Soldat gegen die Hitlerarmee! Möge von allen Seiten ein Schlag nach dem anderen auf die Nazibanden niederfallen, damit sie keinen einzigen Augenblick zur Besinnung kommen.

Sabotiert alle Einrichtungen des Militärs, der Versorgung und der Administration! Zerstört, vernichtet, verbrennt alles, was sie zur Kriegführung benötigen! Macht ihnen jede Bewegung auf unserem Gebiet unmöglich! Kämpft mit der prachtvollen Macht der sowjetischen Partisanen! Kämpft mit dem ganzen Scharfsinn, mit der Kraft und Entschlossenheit, die des Volkes der Hussiten würdig sind! »Kein Feind soll euch schrecken! Seine Zahl nicht Furcht erwecken!

Und niemals fliehet vor dem Feind!«

Illegales »Rudé právo«, Ende Juli 1941, Nr. 8

Die Juden in der tschechischen Literatur

Welchen Anteil haben die Juden an der tschechischen Literatur? Es schien mir erst leichter, auf diese Frage zu antworten, als es sich jetzt erweist, da ich sie – wenn auch nur flüchtig – zu beantworten habe. Die Schwierigkeit liegt nicht darin, daß man diesen Anteil in der tschechischen Literatur wie eine Stecknadel suchen müßte – so gering ist er nicht. Umgekehrt ist er wiederum auch nicht so groß, daß man ihn nicht umgrenzen könnte. Darin kann die tschechische Literatur zum Beispiel keineswegs mit der deutschen verglichen werden, bei der ein wirkliches Ausschließen und Vergessen der Schriftsteller jüdischer Abstammung eine direkt katastrophale Verarmung bedeuten würde – so daß dort mit der Arisierung ernste Probleme entstehen, die unterschiedliche Lösungen zeitigen. (So bringen zum Beispiel die zeitgenössischen deutschen Lesebücher das berühmte Lorelei-Gedicht als Volkslied eines unbekannten Autors, der noch vor sechs Jahren als der ruhmreiche Dichter Heinrich Heine bekannt war.) Obwohl also unserer Literatur keine solchen Probleme drohen, ist es doch nicht leicht, auf die Frage nach dem Anteil der Juden an ihr zu antworten; und zwar deshalb nicht, weil die Frage neu ist und weil wir uns im Grunde um die sogenannte rassische Herkunft der Schriftsteller, welche die tschechische Literatur schufen und schaffen, niemals gekümmert haben.

Das hat seine Ursache darin, daß dem Geist der tschechischen Literatur solche Rassenfragen bisher unbekannt waren. Spuren von Antisemitismus findet man nur selten in ihr, dafür aber nicht selten Äußerungen, die direkt und ausdrücklich gegen ihn kämpfen: zum Beispiel bei Tyl, bei Havliček, bei Jirásek, bei Svatopluk Čech und bei vielen anderen. Das ist nicht einfach nur der Geist der Toleranz, es ist eher der Geist des selbstverständlichen Zusammenwirkens. Bereits im vorigen Jahrhundert war es den tschechischen Schriftstellern nichts ungewöhnliches, mit tschechisch-jüdischen Zeitschriften zusammenzuarbeiten, und in den alten Bänden des »Tschechisch-jüdischen Kalenders« finden wir viele Originalbeiträge von Jakub Arbes, Ladislav Stroupežnický, F. A. Šubert, Zigmund Winter, F. X. Svoboda. J. S. Machar, Gabriele Preiss, Turnovský, Lešehrad und Opočenský.

In einer Literatur, die sich derart vorurteilslos entwickelte, wurde allerdings nicht auf arische oder nichtarische Herkunft geachtet; und deshalb ist es für uns heute so schwer, genau zu bestimmen, wer nach der Rassentheorie zu ihr gehört und wer nicht. Man wird offenbar ein besonderes Studium dazu brauchen, bei dem der Forscher der neuen Disziplin zweifellos auf mannigfaltige Überraschungen stoßen wird. Ist zum Beispiel die jüdische Herkunft des Dichters Otokar Fischer bekannt – und in seinem dichterischen Werk direkt ausgedrückt –, so ist es nicht mehr so allgemein bekannt, daß auch der große tschechische Dichter Julius Zeyer von einer jüdischen Mutter geboren wurde. Auch auf anderen Gebieten der tschechischen Kultur können wir beim Studium auf ähnliche Überraschungen stoßen. Die jüdische Herkunft des Maler Alfred Justitz ist möglicherweise nicht unbekannt, aber vor dem Denkmal der Babička an der Alten Bleiche wird sich kaum jemand bewußt, daß der Schöpfer, einer der vortrefflichsten und ursprünglichsten tschechischen Bildhauer, Gurfreund, Jude ist; und noch viel weniger wird er sich beim Schöpfer der Statue des Heiligen Wenzel, Myslbek, dessen bewußt. Man weiß zum Beispiel, daß unter den tschechischen Theaterleuten Hugo Haas jüdischer Herkunft ist, aber selten weiß jemand, daß der unvergeßliche Darsteller des Kecal in der »Verkauften Braut« – Emil Pollert – ebenfalls der gleichen Herkunft war. Ähnlich ist in der tschechischen Journalistik zum Beispiel die jüdische Herkunft von Alfred Fuchs oder Arne Laurin bekannt, aber unbekannt ist, daß auch der langjährige Redakteur der »Národní listy« und verdiente tschechische Journalist Josef Penížek die gleiche Abstammung hat oder ein anderer angesehener Redakteur der »Národní listy«, ein Freund Jan Nerudas und Svatopluk Čechs, der beliebte tschechische Belletrist Servác Heller.

Wir werden kaum Anspruch auf Vollständigkeit erheben können, wenn wir den Anteil der Juden an der tschechischen Literatur am Werke derer verfolgen, deren volle oder teilweise jüdische Herkunft wenigstens allgemeiner bekannt ist. Aber auch so können wir uns darüber klarwerden, daß dieser Anteil nicht unbedeutend ist. Wir finden unter ihnen den Dichter Siegfried Kapper, den fortschrittlichen Journalisten Karel Fischer, die Belletristen Vojtěch Rakous und Edvard Lederer, den originellen Philosophen Chelčický- und Komenský-Forscher Jindřich Kohn, der Dichter František Gellner, ferner Richard Weiner und Otokar Fischer, dessen Beitrag zum Studium der tschechischen Literatur außergewöhnlich kostbar ist. Da haben wir den Dramatiker František Langer, der neben Karel Čapek dem tschechischen Theaterschaffen am erfolgreichsten geholfen hat, die Grenzen zu überschreiten und auf die Bühnen der Welt durchzudringen, dann einen der besten tschechischen Humoristen, Karel Poláček, und unter den jungen Dichtern und Romanschriftstellern Egon Hostovský, František Gottlieb, Hanuš Bonn; wir finden, daß die tüchtigsten Übersetzer der tschechischen Literatur und besonders der Poesie in fremde Sprachen Otto Pick, Pavel Eisner und F. C. Weiskopf heißen; wir finden auch, daß der Mann, der mit seinem gigantischen Werk für die tschechische Poesie »Europa einholte« – Jaroslav Vrchlický –, ebenfalls in diese Gruppe gehört, weil er Sohn eines jüdischen Vaters war.

Selbst in dieser Unvollständigkeit erscheint uns allerdings der Anteil der Juden an der tschechischen Literatur sehr verehrenswürdig. Jaroslav Vrchlický konnte mit seiner genialen Universalität für die tschechische Literatur die Arbeit einer ganzen Dichtergeneration vollbringen und vollbrachte sie. Er vollbrachte, was vollbracht werden mußte, damit die tschechische Poesie all den brodelnden Formen- und Bilderreichtum, an dem in anderen Poesien ganze Jahrhunderte hindurch geschaffen wurde. Wenn ein einziger Mann diese Aufgabe auf seine Schultern lud, so ersparte er damit mehreren Generationen ein überschweres Werk, drückte ihnen das Ergebnis seiner undankbaren Arbeit als große Erbschaft in die Hände. Die tschechische Dichtkunst könnte heute nicht dort sein, wo sie ist, wenn es Jaroslav Vrchlický nicht gegeben hätte. Vrchlický mußte es geben, das war eine historische Notwendigkeit, das war ein unaufschiebbares Bedürfnis für die tschechische Literatur. Und hier sehen wir also daß das literarische Schicksal Vrchlickýs *typisch tschechisch* war, daß ein solches Schicksal woanders garnicht erlebt werden konnte und daß dabei die Herkunft Filip Jakub Fridas, des jüdischen Vaters dieses tschechischen Dichters, wirklich nicht ausschlaggebend war.

Ich glaube, daß uns bereits dieses Schicksal erklärt, warum die tschechischen Kritiker und Literaturhistoriker bisher um die sogenannte rassische Herkunft der Schriftsteller, die die tschechische Literatur schufen und schaffen, nicht gekümmert haben.

»Nová svoboda«, 16. Februar 1939, Nr. 4,
unter dem Pseudonym Karel Strnad

Nachwort

Wer war Julius Fučík?

Wer sich mit Julius Fučík beschäftigt, stößt in den Veröffentlichungen auf so unterschiedliche Aussagen, daß man meinen könnte, es mit verschiedenen Persönlichkeiten zu tun zu haben.

Während man in Kindlers Literatur Lexikon lesen kann, Fučík habe »sich in der Vorkriegs-Tschechoslowakei mit seinen geistreichen, engagierten Aufsätzen über Literatur und Theater, mit politischen Artikeln, Polemiken, sowie mit Reportagebänden über sein Heimatland und die Sowjetunion einen Namen gemacht« (Kindlers Literatur Lexikon im dtv, Band 19, München 1974, S. 8120), sieht ein Autor namens Peter Drews in der Zeitschrift »Bohemia« in Fučík einen »tragisch geendeten, politisch allzu blauäugigen Autor«. Bis 1939 sei er »in der tschechischen Kulturszene wesentlich nur als einer der führenden Journalisten der kommunistischen Presse und als Autor überaus optimistischer Reportagen über die Sowjetunion bekannt.« (Peter Drews, Der zweifache Tod des Julius Fučík, in: Bohemia, Zeitschrift für Geschichte und Kultur der böhmischen Länder, Band 38 [Jg. 1997], S. 349-356) Der ehemalige Mithäftling Vacláv Cerný glaubt gar von Kanada aus Fučík als privilegierten Häftling im Pankrác-Gefängnis bezeichnen zu können, der seine »Reportage unter dem Strang geschrieben« nur mit Wissen der Gestapo hätte verfassen können. (vgl. Vacláv Cerný, Plác koruny ceské, Toronto 1977)

Während Rudolf Slánký, der später unter falschen Verdächtigungen hingerichtete ehemalige Generalsekretär der KPTsch, 1946 Fučík als »Musterbeispiel echten kommunistischen Heldenmuts im Dienste der Menschheit« bezeichnete und Bundeskanzler Willy Brandt im Dezember 1973 Fučík zu den besten Traditionen der tschechoslowakischen Geschichte rechnete, ist er Ferdinand Seibt, dem Verfasser eines Standardwerks zur deutsch-tschechischen Geschichte, nicht einmal einer Erwähnung wert.

Offensichtlich scheiden sich an Julius Fučík noch immer die Geister. Wer jedoch Geschichte in antifaschistischer Perspektive aufarbeiten will, findet in ihm einen würdigen Repräsentanten der tschechoslowakischen Geschichte im 20. Jahrhundert.

Am 23. Februar 1903 in Prag im Stadtteil Smíchov geboren, übersiedelte Julius Fučík als Kind 1913 mit der ganzen Familie nach Plzen. Er liebte Lesen und Bücher. Schon mit zwölf Jahren experimentierte er als Schüler der Ersten Tschechischen Staatlichen Realschule in Plzen mit einer selbstgemachten »Zeitung« mit Namen »Slovan« (Der Slawe), in der »amtliche Meldungen aus Wien, Nachrichten aus dem Ausland, Kommentare zu den sozialen Verhältnissen während des Krieges, zur Einführung von Brotkarten und zu dem aus Stroh gemahlenen Mehl« zu lesen sein sollten. In der Zeitung sollte man »ein literarisches Feuilleton, eine eigene Kulturseite, eine Theaterbesprechung, einen Sportbericht, ja sogar Inserate« finden, berichtete seine spätere Frau Gusta Fučíková. (zit. nach: Julius Fučík, Literarische Kritiken, Polemiken und Studien, Berlin 1958, S. 5/6)

Mit großem Enthusiasmus begrüßt er im Oktober 1918 die Proklamation der nationalen Unabhängigkeit der Tschechoslowakei. Er war literarisch ungemein interessiert. In seinen Tagebuchnotizen finden sich von Januar 1919 bis Ende 1922 annähernd 200 Autoren, besonders natürlich tschechische Autoren, wie die Brüder Čapek, Svatopluk Čech, Jaroslav Hasek, Jan Neruda, Jiri Wolker und viele andere, wie auch Autoren der Weltliteratur, mit deren Werken er sich intensiv beschäftigte.

Im Jahre 1920 kehrte er zum Studium nach Prag zurück. Gleichzeitig trat Fučík der sozialdemokratischen Partei bei und schloß sich dort den »Linken« an, die im Mai 1921 die KPTsch gründeten. Während seiner Studentenzeit behielt er den Kontakt nach Plzen. So schrieb er Rezensionen und Theaterkritiken für die örtliche Parteizeitung. Rückblickend meinte er über diese und seine weitere journalistische Tätigkeit in der »Reportage unter dem Strang geschrieben«: »Ich habe zahlreiche kulturelle und politische Artikel geschrieben, Reportagen, Literatur- und Theaterstudien und Referate. Viele von ihnen gehören dem Tag und sind mit dem Tag gestorben. Laßt sie liegen. Einige jedoch gehören dem Leben.«

Nach seinem Studium arbeitete Fučík als Redakteur der Zeitung »Kmen«, einer literarischen Zeitschrift der tschechischen Verleger. Zur gleichen Zeit wurde ihm die Verantwortung für die Kulturarbeit der Kommunistischen Partei übertragen. In den Auseinandersetzungen der Zeit, die natürlich auch Intellektuelle, die Mitglied der KP waren oder ihr nahestanden, erfaßten, versuchte er mit seinen Beiträgen einerseits politische Klarheit zu schaffen, andererseits aber auch ohne dogmatische Ausgrenzungen eine Offenheit zum Dialog zu bewahren.

1929 wechselte er zur Zeitschrift »Tvorba«, die von dem bekannten Literaturkritiker Franticek Xaver Salda gegründet worden war und eher eine sozialistische Tendenz vertrat, und wurde ständiger Mitarbeiter der KP-Zeitung »Rudé Právo«. Seine Tätigkeit für die KP führte dazu, daß er häufig von der Geheimen Polizei observiert und auch inhaftiert wurde. Vorwände fanden sich immer wieder, um Fučík beim Streik der Bergarbeiter von Most oder als Chefredakteur der »Tvorba« für kürzere oder längere Zeit aus dem Verkehr zu ziehen. Dennoch fand er immer noch genügend Zeit für seine zahlreichen journalistischen Beiträge.

Im Auftrag der Redaktionen reiste er im Frühjahr 1930 zum ersten Mal für vier Monate in die Sowjetunion, um vom Aufbau des Sozialismus in diesem Land zu berichten. Zurückgekehrt berichtete er von seinen Erfahrungen und wurde einer der »gefürchtetsten« Diskussionsredner auf Veranstaltungen der Volkssozialistischen Partei, deren Redakteur Frana Klatiel besonders antisowjetisch auftrat. 1934 folgte ein weiterer, diesmal zweijähriger Aufenthalt. Von diesen Reisen, die ihn in die abgelegensten Winkel des Landes gebracht haben, zeugen seine eindrucksvollen Reportagen. Dabei standen nicht allein die geschaffenen Werke und Errungenschaften im Zentrum, sondern sein Augenmerk lag auf den Menschen, denjenigen die den Sozialismus errichten wollten, denen er in Monaten seines Aufenthaltes nähergekommen war.

Nach seiner Rückkehr in die Tschechoslowakei gingen die öffentlichen Auseinandersetzungen um die Moskauer Prozesse 1936/37 und die weiteren Entwicklungen in der UdSSR an Fučík nicht vorbei. Aufgrund seiner persönlichen Erlebnisse polemisierte er mit Autoren wie Jan Slavik oder Jiri Weil, die auch literarisch gegen die stalinistischen Entartungen auftraten. Fučík verteidigte dagegen das Grundanliegen der Sowjetunion und machte deutlich, daß er in der aktuellen Situation in der der deutsche Faschismus zum Krieg drängte, solche Kritik für äußerst verhängnisvoll hielt.

Fučík wußte, wovon er sprach, wenn er vor einer faschistischen Bedrohung warnte. Hatte er doch durch deutsche antifaschistische Emigranten, denen er in der Zeitung »Tvorba« Veröffentlichungsmöglichkeiten gab, erfahren, wie die Realität faschistischer Herrschaft in Deutschland aussah. Und Fučíks Sorgen wurden durch die politischen Entwicklungen mehr als bestätigt.

Seit 1937 forcierte der deutsche Faschismus seine Expansionsbestrebungen gegenüber der ČSR, indem mit Geld und politischer Unterstützung die Henlein-Bewegung, die »Sudetendeutsche Heimatfront«, zu einem willjährigen Werkzeug der völkischen Propaganda ausgebaut wurde. Nach dem Anschluß Österreichs im März 1938 war erkennbar, daß die ČSR das nächste Ziel der deutschen Expansion sein sollte.

Im September 1938 kam es zu der verhängnisvollen Konferenz zwischen Hitler, Mussolini, Chamberlain und Daladier in München, auf der das als »Sudetengebiet« deklarierte Territorium der ČSR an das Deutsche Reich ausgehändigt wurde. Nach diesem Münchner Diktat schränkte die Prager Regierung die Tätigkeit der kommunistischen Partei und ihrer Presse weitgehend ein. Und so begann im Oktober 1938 Fučíks erste quasi illegale Tätigkeit.

Von nun an veröffentlichte er unter Pseudonym in verschiedenen bürgerlichen Zeitungen. Er schrieb über herausragende Ereignisse in Geschichte und Tradition des tschechischen Volkes, über bedeutende Dichter, Wissenschaftler und Politiker der Nation. So schrieb er über den jesuitischen Priester und Historiker Bohuslav Balbín, den er als »Verteidiger der tschechischen Sprache und des tschechischen Volkes« nach der verheerenden Niederlage in der Schlacht am Weißen Berg hervorhob. Im Februar 1939 setzte er sich in dem Beitrag »Die Juden in der tschechischen Literatur« indirekt mit der Bereitschaft reaktionärer Kräfte auseinander, sich dem faschistischen Antisemitismus vorauseilend anzupassen, während er in einem anderen Beitrag am Beispiel von Haseks Roman »Der brave Soldat Schwejk« die fehlende Bereitschaft der politisch Herrschenden zur Verteidigung der nationalen Souveränität kritisierte. Dem setzt er die Figur des Schwejks entgegen. »Er war negativ vom Standpunkt der Österreichischen Reaktion aus, aber positiv vom Standpunkt des Widerstandes des unterdrückten Volkes.« (Julius Fučík, Wir lieben unser Volk, Berlin 1956, S. 103) Auf diese Weise versuchte er selbst in scheinbar literaturwissenschaftlichen Beiträgen durch Anspielungen und mit indirekten Kommentaren antifaschistische Positionen zu entwickeln.

Mit dem militärischen Überfall der faschistischen Truppen auf das verbliebene tschechische Gebiet Mitte März 1939 und der Bildung des Protektorats Böhmen und Mähren begann die konspirative antifaschistische Arbeit von Fučík. Einige Zeit zog er sich mit seiner Familie nach Chotimer zurück und kam nur unregelmäßig nach Prag oder Plzen. Später ging er getarnt als »Professor Horák« zurück nach Prag und wirkte – ständig in der Gefahr von der Gestapo entdeckt zu werden – besonders in der propagandistischen Arbeit im illegalen Kampf.

Nach der Verhaftung führender Funktionäre der KPTsch im Februar 1941 wurde Fučík im Frühjahr 1941 Mitglied der »Zweiten illegalen Führung«. Seine Hauptaufgabe war die Erstellung illegaler Flugschriften und die Herausgabe der Zeitung »Rudé právo«, was insofern schwierig war, da durch Gestapo- und Polizeirazzien die meisten Druckereien und Vervielfältigungsmöglichkeiten der Partei aufgeflogen waren.

Besonders seine Artikel und Beiträge in der illegalen antifaschistischen Presse zeugen von einer ungebrochenen Kampfeskraft. Trotz der scheinbaren Unbesiegbarkeit der deutschen Militärmaschinerie war er erfüllt von der Überzeugung, daß letztlich die Völker über die faschistischen Okkupanten triumphieren werden. Beispiele seiner Arbeiten sind der abgedruckte »Offene Brief an Minister Dr. Goebbels« und der Appell »Wir alle stehen im Krieg gegen Hitler«. Dabei gelang es ihm, den antifaschistischen Kampf nicht nur zur Sache der Linken, sondern aller ehrlichen tschechischen Patrioten zu machen.

Am 24. April 1942 wurde er bei einer Razzia eher zufällig festgenommen und bis zum 10. Juni 1943 im Prager Pankrác-Gefängnis inhaftiert. In dieser Zeit versuchte die Gestapo ihn durch Mißhandlungen aber auch durch Versprechungen zur Aussage zu bewegen. Doch Julius Fučík blieb standhaft. Anders als verleumderische Berichte heute behaupten, belegen die Unterlagen der Verfolger, daß er sich nicht als Denunziant hergegeben hat. Soweit überhaupt Aussagen aufzeichnenbar waren, betrafen sie nur Personen, die nicht mehr gefährdet werden konnten. Für das eigene Überleben brauchte er jedoch ein anderes »Ventil«. Und so entstanden im Frühjahr 1943 seine Aufzeichnungen, die heute unter dem Titel »Reportage unter dem Strang geschrieben« vorliegen.

Über die Entstehungsgeschichte der Aufzeichnungen berichtet der Aufseher Adolf Kolínský:

»Herr Fučík hatte lange Zeit kein Vertrauen zu mir Ich hatte ihm zwar schon früher Papier und Bleistift angeboten, doch zunächst mußte er mich gründlich prüfen.

Einmal sagte er zu mir: ›Kolínský, wir werden schreiben. Es liegt an Ihnen, daß es niemandem in die Hände fällt. Sie wissen, *mir* kann nichts mehr geschehen, mir ist der Strick ohnehin sicher.‹ (…)

Immer, wenn ich meinen Dienst antrat, brachte ich ihm in einem günstigen Augenblick Papier, jeweils einige Blätter und einen Bleistift in die Zelle. Alles versteckte er im Strohsack. Wenn ich meinen Rundgang durch jeden Flügel – es gab deren drei – von einem Spion in der Zellentür zum anderen gemacht hatte, was mindestens zwanzig Minuten dauerte, blieb ich an der Zelle 267 stehen, in der Herr Fučík einsaß, klopfte an die Tür und sagte leise: ›Weiter!‹ da wußte er, daß er schreiben konnte. Während er schrieb, ging ich in der nähe seiner Zelle auf und ab und gab Obacht. (…)

Er schrieb nur dann, wenn ich Tagdienst hatte. Manchmal schrieb er zwei Blätter voll – und damit genug; dann klopfte er an die Zellentür, zum Zeichen, daß er nicht mehr in Stimmung war. Ein andermal, vor allem am Sonntag, wenn im Gefängnis mehr Ruhe herrschte, sofern man das so nennen kann, schrieb er bis zu sieben Blatt auf einmal. (…)

Immer, wenn er zu schreiben aufhörte, klopfte er und übergab mir die beschriebenen Blätter. Auch den Bleistift gab er mir jedesmal zurück. Die beschriebenen Blätter versteckte ich im Gefängnis auf der Toilette hinter einem Rohr des großen Wasserbehälters, von dem Rohre in alle Zellen abgingen. Während des Dienstes hatte ich nie etwas bei mir, weder Briefe, die einige Häftlinge durch mich an ihre Verwandten schrieben, noch irgendwelches andere schriftliche Material. Wenn ich am Abend den Dienst beendete, steckte ich die Blätter hinter die Leinwand am Deckel der Aktentasche – für den Fall, daß die Aktentasche kontrolliert würde. Ich hatte sie immer offen und hielt den Deckel mit der Hand fest, so daß sie nichts bemerkten. Einige Male übergab Herr Fučík die beschriebenen Blätter auch dem Wachmeister Jaroslav Hora.

Einen Teil des Manuskriptes versteckte ich einige Zeit bei meiner Schwägerin. Dann lernte ich Jirina Závodská kennen, der ich später

Fučíks Blätter übergab. Sie brachte sie nach Humpolec zu ihren Eltern und die bewahrten sie auf.« (zit. nach: Gusta Fučíková, Mein Leben mit Julius Fučík, Berlin 1976, S. 741/742)

Die letzte Aufzeichnung von Julius Fučík trägt das Datum 9.6.1943. Am nächsten Tag ging er von Prag nach Deutschland auf Transport. Vom 11. Juni bis 24. August 1943 blieb er in Bautzen inhaftiert, bis ihm am 25. August 1943 in Berlin der Prozeß gemacht wurde.

Dreizehn Seiten umfaßt die Anklageschrift in der »Strafsache Fučík und andere«. Beschuldigt wurde er, »als Protektoratsangehöriger in Prag in den Jahren 1941 und 1942 gemeinsam und in ständiger Verbindung mit anderen Personen die gewaltsame Abtrennung eines Teils des Reichsgebietes betrieben zu haben, was den Tatbestand des Hochverrats darstellt, wobei seine Tätigkeit auch auf Erhaltung einer Organisationseinheit und Beeinflussung der Massen durch Anfertigung und Vorbereitung von Schriften hochverräterischen Inhalts gerichtet war«. (ebd., S. 751) Der Hauptvorwurf im Prozeß lautete, »durch Ihre Handlungen dem Feind des Reiches, dem bolschewistischen Rußland geholfen (zu) haben«. Als Vorsitzender agierte Roland Freisler, der Blutrichter des Volksgerichtshofes. Das Urteil stand fest. Dennoch fand die Prozeßfarce statt. Fünf Minuten vor der Eröffnung sah Fučík zum ersten Mal seinen »Verteidiger«, Rechtsanwalt Hofmann, der eigentlich nichts zur Verteidigung beitrug. Das Gerichtsprotokoll vermerkt jedoch, daß Fučík sich selber verteidigte. Ungebrochen erklärte er: »Ich erkenne ihr Gericht nicht für berechtigt, über mich ein Urteil zu sprechen.« Und in seinem Schlußwort, in dem er sich noch einmal zu seiner kommunistischen Überzeugung bekannte, betont er: »Ihr Urteil wird mir jetzt vorgelesen werden. Ich weiß, es lautet: Tod den Menschen! Mein Urteil über Sie ist schon längst gefällt. In diesem ist mit dem Blut aller ehrlichen Menschen der Welt geschrieben: Tod dem Faschismus! Tod der kapitalistischen Sklaverei! Das Leben dem Menschen! Die Zukunft dem Kommunismus!« (Bericht J. Reznik, in: Junge Welt, Nr. 83, 1955)

Und in der Tat: Das Urteil stand fest. Er wurde zum Tode verurteilt und am frühen Morgen des 8. September 1943 in Plötzensee hingerichtet. Die Gestapo verhinderte, daß der Leichnam den Angehörigen in Prag übergeben wurde. Man fürchtete, daß die Trauerfeier sich zu einer politischen Demonstration entwickeln könnten.

Wie sie berichtet erfuhr seine Frau, Gusta Fučíková, bereits im KZ Ravensbrück von Mitgefangenen von dem Prozeß und dem Todesurteil. Bis zur Befreiung blieb sie jedoch in Ungewißheit über das weitere Schicksal ihres Mannes. Erst nach dem Krieg erhielt sie die Bestätigung von der Hinrichtung ihres Mannes in Plötzensee.

Zur Rezeptionsgeschichte des Buches

Schon während der Haftzeit hatte Julius Fučík seiner Frau angedeutet, daß er im Gefängnis schreibe. Nun erhielt sie Gewißheit, daß solche Aufzeichnungen vorliegen, die der Aufseher Adolf Kolínský herausgeschmuggelt hatte. Im Juli 1945 kam sie endlich in den Besitz der Papiere, wobei eine Seite als verschollen galt.

Die Texte wurden nicht nur transkribiert, sondern im Oktober 1945 in einer ersten Auflage im Verlag Svoboda veröffentlicht. Damals stellte niemand die Echtheit der Aufzeichnungen in Zweifel, besonders deshalb, weil die beiden wichtigsten Zeugen, die Aufseher des Pankrác-Gefängnisses, lebten und über die Entstehung authentisch Zeugnis ablegen konnten.

Erst nach der politischen Auflösung des sozialistischen Systems 1989/90 verbreiteten reaktionäre Kreise Spekulationen, dieses Manuskript sei von Anfang an gefälscht worden. Auf Grund einer Untersuchung des Kriminalistischen Instituts in Prag Anfang der 90er Jahre ist definitiv erwiesen, daß die vorhandenen Aufzeichnungen von Julius Fučík authentisch sind. Aber es wurde auch erkennbar, daß bereits 1945/46 einzelne Passagen des Originalmanuskriptes bei der Veröffentlichung weggelassen wurden. Dabei handelte es sich nicht um die fehlende Manuskriptseite, die erst in der Auflage ab 1946 eingefügt werden konnte, sondern um Passagen, die sich auf politische Zusammenhänge bezüglich Deutschland, sowie auf Personen und ihre jeweilige Bewertung bezogen. Gleichzeitig wurden einzelne Abschnitte, in denen Julius Fučík über sein eigenes Verhalten berichtet, so gekürzt, daß sie keinerlei »Schatten« auf das Bild des heroischen Widerstandskämpfer zuließen. Damit entsprachen sie zwar den Wünschen, ein untadeliges Bild eines Widerstandskämpfers aufzubauen, jedoch nicht mehr Fučíks eigener selbstkritischer Darstellung seiner Person. Vom Umfang her waren die Streichungen recht gering. Sie berührten in keiner Weise die Authentizität und Intensität der Texte.

Das Buch fand in der Tschechoslowakei eine enorme Leserresonanz. Innerhalb kurzer Zeit folgten mehrere Auflagen und 1946 rangierte es in einer Leserumfrage der Zeitung Lidové noviny auf Platz 3 der populärsten zeitgenössischen Bücher. So verwundert es nicht, daß der Text bis 1962 bereits 26 Auflagen erlebte.

Dabei wurde dieser Text nicht nur als zeitgenössisches literarisches Dokument verbreitet, sondern in gewisser Weise auch kanonisiert. Natürlich gehörte der Text zur Unterrichtslektüre in allen Schulzweigen. Die Tatsache, daß die sozialistische Jugendorganisation der ČSSR, der ČSM, auch »Fučík-Jugend« genannt wurde, machte einmal mehr die hohe Bedeutung dieser Persönlichkeit für das öffentliche Leben deutlich. Dabei entging diese Ehrung der Persönlichkeit nicht Formen falscher Heroisierung, die mit dem Anspruch jungen Menschen Vorbilder zu geben, zu klare und glatte Biographien, d.h. Menschen ohne Fehl und Tadel, aber auch ohne menschliche Züge schufen. Während Gusta Fučíková in ihren Erinnerungen Julius Fučík als Menschen mit all seinen Emotionen, manchmal Fragen und Zweifeln, vor allem aber Hoffnungen und unerschütterlichen Optimismus schilderte, fand man in den populären Darstellungen vielfach Idealisierungen, Simplifizierungen und Heroisierungen, die eher kontraproduktiv wirkten. Dennoch blieb trotz aller fehlerhaften Entwicklungen die hohe Wertschätzung von

Fučíks Persönlichkeit im öffentlichen und gesellschaftlichen Leben der Tschechoslowakei erhalten.

Auch im Ausland wurden Fučík und sein Werk sehr bald populär. Schon 1946 gab es Übersetzungen auf Deutsch, Serbokroatisch, Norwegisch, Russisch und Ukrainisch. Die erste deutsche Übersetzung erschien im Globus-Verlag in Wien 1946 und erlebte dort schon ein Jahr später eine zweite Auflage. In Deutschland wurde der Titel 1947 vom Dietz Verlag, Berlin, in einer Auflage von 30.000 Exemplaren herausgegeben. Im Klappentext der Ausgabe hieß es – für heutige Verhältnisse vielleicht etwas pathetisch: Fučík »ist Schriftsteller und Künstler, dessen Sorge selbst in seiner schwersten Stunde dem Menschen gilt, den er in dieser Stunde mit verschärftem Auge erkennt, darstellt, entlarvt und verherrlicht. So wird er mit diesen seinen letzten Aufzeichnungen zum Symbol jedes aufrechten, unbestechlichen Künstlers, der seiner Sendung bis zum letzten Atemzug treu bleibt. Er wird zum Symbol seines Volkes, für dessen Freiheit er sein Leben opferte.«

Bis heute wurde das Buch in fast 90 Sprachen übersetzt und erlebte über 300 fremdsprachige Ausgaben, einschließlich zahlreicher Neuauflagen. Damit ist es unzweifelhaft ein Werk der Weltliteratur geworden. Es bedarf schon einer besonderen Ignoranz vor diesem Hintergrund zu behaupten, das publizistische Echo sei außerhalb der kommunistischen Sphäre eher gering gewesen, und Beachtung habe das Werk vorwiegend in linksorientierten Kreisen gefunden, während die etablierte westliche Literaturkritik sehr zurückhaltend reagiert habe (Peter Drews). So erlebte das Buch bis 1974 jeweils drei Auflagen in Frankreich, England und Italien, mehrere Auflagen in Norwegen, Dänemark und den Niederlanden. Auch in den USA erschienen zwei Auflagen, die erste mit 50.000 Exemplaren Startauflage. Selbst wenn Julius Fučík in einer bestimmten Veröffentlichung nicht erwähnt worden sein sollte, so kann keine ernstzunehmende Literaturgeschichte europäischer Provenienz an Julius Fučík als Autoren und der »Reportage unter dem Strang geschrieben« vorbeigehen, wie z.B. Kindlers Literaturlexikon gezeigt hat.

In Deutschland wurde das Buch zuerst von Verlagen der SBZ/DDR auf dem Markt gebracht, wobei die ersten fünf Auflagen im Dietz Verlag erschienen, bevor 1956 die erste Ausgabe bei Reclam, Leipzig, und seit 1973 die weiteren Auflagen in der »Bibliothek des Sieges« bei Volk & Welt, Berlin, editiert wurden. 1981 erschien die von Felix Rausch neuübersetzte und mit Illustrationen versehene Ausgabe im Kinderbuch-Verlag Berlin.

Während diese Ausgaben ab Anfang der 70er Jahre auch in die BRD exportiert wurden und dort auf ein interessiertes Publikum stießen, fand sich in der Bundesrepublik selber erst 1976 ein Verlag, der diesen Text in einer eigenen Ausgabe auf den Markt bringen wollte, der Suhrkamp-Verlag in Frankfurt/M. In einer neuen Übersetzung, basierend auf der tschechischen Originalausgabe, erschien der Text in der Suhrkamp Taschenbuchreihe.

Mit dem Ende der sozialistischen Entwicklung in der ČSSR 1989/90 begannen interessierte Kräfte nicht nur die politischen Strukturen zu verändern, sondern auch die – in ihren Augen – »Symbole des Sozialismus« zu demontieren. Verschiedene Autoren – bis hin zu ultrarechten Kreisen – beteiligten sich oftmals ohne jegliche historische Kenntnisse an den Angriffen auf den Text von Julius Fučík sowie an einer Umwertung seiner Person. Daher sah sich – wie oben bereits erwähnt – 1990 eine Gruppe von Historikern unter der Leitung von Frantisek Janáček vom Historischen Institut der Tschechoslowakischen Armee-Widerstands-Gedenkstätte veranlaßt, eine Untersuchung des Fučík-Manuskriptes vorzunehmen. Die kriminaltechnische Untersuchung belegte ohne jeden Zweifel, die Echtheit der Manuskriptblätter der »Reportage«. In einem zweiten Schritt ging es den Historikern darum, den authentischen Text des Manuskriptes zu rekonstruieren und mit historisch-kritischen Anmerkungen zu versehen. Nach mühevoller Kleinarbeit, getragen von dem Bemühen dem Anliegen von Julius Fučík gerecht zu werden, legten sie 1995 im Verlag Torst, Prag, die Ergebnisse ihrer Arbeit vor. Sie ergänzten alle bei früheren Veröffentlichungen vorgenommene Auslassungen, korrigierten die anonymisierten Namen und fügten die gestrichenen Abschnitte – besonders im Kapitel 8 –, bei dem es um das Verhalten von Fučík bei den Verhören durch die Gestapo ging, wieder ein.

Dieser nunmehr komplette Text bildet die Basis der vorliegenden deutschsprachigen Veröffentlichung der »Reportage unter dem Strang geschrieben«. Man wird schnell erkennen, daß der Text dadurch nichts an seiner Intensität und Dichte verloren, vielmehr durch die offene Beschreibung des menschlichen Verhaltens an Glaubwürdigkeit und Authentizität gewonnen hat. Denn daß Julius Fučík eine herausragende Persönlichkeit der antifaschistischen Tradition darstellt, stand vor und nach der Bearbeitung des Textes außer Zweifel.

Die Erinnerung an Fučík wurde viele Jahrzehnte nicht allein in der Tschechoslowakei gepflegt. Dort hatte er faktisch den Charakter eines Nationalhelden angenommen, sicherlich staatlich gefördert, aber in breitem Umfang auch von den Menschen mitgetragen. So trugen zahlreiche Schulen und Bildungseinrichtungen seinen Namen. Straßen, Plätze, Orte und selbst ein Berg wurden nach ihm benannt. Auch Betriebe und Arbeitskollektive trugen den Namen »Julius Fučík«, wobei ein solcher Name durchaus als Auszeichnung und Verpflichtung für gute Arbeitsleistungen verstanden wurde.

Auch in der ehemaligen DDR war der Name »Julius Fučík« im öffentlichen Bereich präsent. Sein Name wurde für Schulen, Arbeitskollektive und Brigaden, besonders solche, die in Kooperationsbeziehungen mit der ČSSR standen, aber auch für ein FDGB-Erholungsheim in Kühlungsborn ausgewählt. Schon 1953 wurde Fučík in der Zeitschrift »Der Deutschunterricht« als Repräsentant der tschechoslowakischen Literatur des 20. Jahrhunderts gewürdigt und es wurden Ansätze zur Behandlung seiner Texte im Unterricht besprochen.

Doch auch hier wurden im Zuge der Abwicklung der DDR und ihres Geschichtsbildes an fast allen Orten die sichtbaren Zeichen des Gedenkens getilgt. Schul- und Straßennamen wurden beseitigt, eine weitere Würdigung von Fučík fand nicht mehr statt.

Um so wichtiger ist es uns, der Vereinigung der Verfolgten des Naziregimes – Bund der Anitfaschistinnen und Antifaschisten (VVN-BdA), die Erinnerung an Julius Fučík und sein Werk gegen solch offizielle Form des Vergessens und Verdrängens wachzuhalten. Historische Aufarbeitung der Geschichte und Bewahrung der Erinnerungen und Erfahrungen der Zeugen des antifaschistischen Widerstandes sind Anspruch der wiederaufgenommenen »Bibliothek des Widerstandes«. Und so ist die Herausgabe von Julius Fučíks »Reportage unter dem Strang geschrieben« gewissermaßen programmatisch. Dieses Werk verbindet eindrucksvoll die Auseinandersetzung mit der faschistischen Herrschaft mit einer Darstellung von Mut und Standhaftigkeit im antifaschistischen Kampf.

Es ist ein literarisches Zeugnis des Antifaschismus, das auch im 21. Jahrhundert seine Bedeutung behalten wird.

Kassel, im Frühjahr 2000
Dr. Ulrich Schneider,

Bildteil

Urlaub im Böhmerwald, vermutlich 1935.

1936 in Prag.

Während der Mobilisierung im September 1938.

Als »Professor Horák« 1941 bis 1942 in der Illegalität.

Illegalen Zeitungen, an den denen J. Fučík mitarbeitete.

Das Innere der Zelle 267 in Pankrácer-Gestapogefängnis.

Gestapofoto nach seiner Verhaftung.

Die »Vierhunderter«-Zelle.

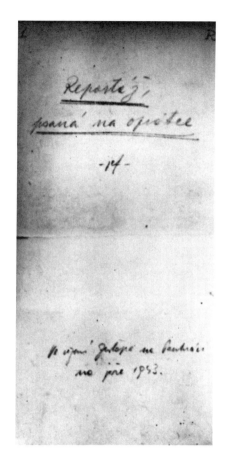

Titelseite des Originalmanuskriptes.

Seite 29 des Originalmanuskriptes.

Jm Namen des Deutschen Volkes

In der Strafsache gegen

1.) den Schriftleiter Julius F u c i k aus Prag XIX, geboren am 23. Februar 1903 in Prag,
2.) den Landwirtschaftsadjunkten Jaroslav K l e c a n aus Prag XIII geboren am 2. März 1914 in Zadni-Sborovice,
3.) die Angestellte Lidmila P l a c h á aus Prag XIII, geboren am 23. Februar 1921 in Königsstätte,

sämtlich Protektoratsangehörige,

zur Zeit in dieser Sache in gerichtlicher Untersuchungshaft wegen Vorbereitung zum Hochverrat u.a.,
hat der Volksgerichtshof, 1. Senat, auf Grund der Hauptverhandlung vom 25. August 1943, an welcher teilgenommen haben
als Richter :
Präsident des Volksgerichtshofs Dr. Freisler, Vorsitzer,
Landgerichtsdirektor Dr. Schlemann,
Admiral a.D. von Nordeck,
Gauhauptstellenleiter Stadtrat Ahmels,
Ministerialrat im Oberkommando d. Wehrmacht Dr. Herzlieb,
als Vertreter des Oberreichsanwalts :
Erster Staatsanwalt Noebel,
für Recht erkannt :

Julius F u c i k hat als Verbindungsmann des Zentralkomitees der illegalen tschechisch-kommunistischen Partei wichtige agitatorische und organisatorische kommunistische Aufbauarbeit geleistet, sich besonders um den Aufbau einer kommunistisch beeinflußten Einheitsorganisation der tschechischen Intelligenz bemüht.

Jaroslav K l e c a n war hierbei als Fuciks Verbindungsmann zum Leiter der Intelligenzgruppe wesentlich beteiligt.

Beide haben dadurch unserem Kriegsfeind geholfen. Sie sind für immer ehrlos und werden mit dem

Tode   Be-

Das Todesurteil des Volksgerichtshofes.

Einige frühe Ausgaben der »Reportage unter dem Strang geschrieben«.

Denkmal für J. Fučik in Ostberlin.

186 Seiten, 192 Abbildungen,
Großformat, Hardcover, DM 39,90